Hello 베이비 Hi 맘 1

Hello 베이비 Hi맘 1

김린·서현주 지음

김린·서현주의 자신만만 엄마표 영어

한울림

Prologue to the Revised Edition

《Hello 베이비 Hi 맘》이 출간된 지 22년이 지났다. 이 책을 쓸 때만 해도 한국에서 유아영어에 대한 인식은 미비했고, 어린아이를 위한 영어 교재 역시 변변치 않았다. 일상생활 속에서 엄마와 어린 자녀가 즐겁게 영어를 배웠으면 하는 바람에서 출발한 책이 '엄마표 영어'의 디딤돌이 되고, 이토록 오랫동안 독자들의 사랑을 받게 되다니 기쁘고 감사할 따름이다.

이 책이 출간된 뒤로 오랜 시간이 흘렀고, 그동안 한국에서 유아영어에 대한 개념도 엄청나게 진일보했다. 지금은 어릴 때부터 영어를 배우는 것이 교육열이 높은 일부 사례에만 해당하는 것이 아니라, 일반적인 교육 형태로 자리 잡은 듯하다. 또 한편으로는 어린 나이에 외국어를 습득하는 것에 대한 부정적인 시각 역시 여전히 존재하는 것이 사실이다.

모국어가 제대로 정립되지 않은 상태에서 새로운 언어를 접했다가 언어 능력 자체가 지체될까 하는 우려 때문일 것이다. 그러나 생후 9개월 미만의 아이들이 모든 언어를 흡수해서 만들어내고, 그것을 반복할 수 있다는 것은 과학적으로 널리 입증된 사실이다. 이 책 역시 이런 이론에 기반하여 뱃속에 있는 아이에게 전하는 엄마의 속삭임부터 담고 있다.

이 글을 읽는 독자들 중에서는 '우리 아이는 이미 생후 9개월이 훌쩍 넘었는데 어떡하지?'라고 걱정하시는 분도 있을 것이다. 너무 걱정할 필요는 없다. 모든 언어의 모든 소리는 연령대와 상관없이 가르치고 배울 수 있기 때문이다. 시기보다 중요한 것은 어떤 방식으로 아이가 영어를 접하고 습득하냐의 문제이다. 어디까지나 영어는 의사소통의 수단이다. 새로운 언어를 처음 접할 땐 학습의 영역이 아니라 의사소통의 방법으로 접근해야 한다. 그러기 위해선 생활 속에서 자연스럽게 영어로 듣고 말하게 하는 것이 가장 좋은 방법이다.

아침에 일어나 잠자리에 들기까지 엄마와 아이는 무수히 많은 말을 주고받는다. 한국어로 나누는 이 대화를 영어로 조금씩 바꿔나가 보자. 그런 엄마들의 도전에 이 책이 좋은 파트너가 되어줄 것이다. 아울러 아이에게 무슨 말을 건네야 할지 모르겠다는 엄마들의 고민도 조금이나마 덜어줄 것이라 믿는다.

이 책을 쓸 때 '일어나!' '밥 먹어!' 같은 단순하고 지시적 표현이 아니라, 사랑을 담은 '엄마의 말'을 최대한 담고자 노력했다. 단순히 영어를 가르치는 데서 머물지 않고, 엄마의 사랑이 아이에게도 전해지길 바라는 마음에서이다. 아이를 향한 포용적인 태도와 아이의 성장을 돕는 엄마의 말이 고스란히 녹아든 영어. 이것이 일반 영어와 '엄마표 영어'의 가장 큰 차별점이 아닐까 싶다.

《Hello 베이비 Hi 맘》으로 영어를 배운 아이들이 훌쩍 자라 성인이 되었다. 이 책 덕분에 자기 의견을 영어로 자신 있게 말할 수 있게 되었다는 이야기를 전해 들을 때마다 가슴이 벅차 오르곤 한다. 곧 출간될 《Hello 베이비, Hi 맘 2》와 더불어 앞으로도 계속해서 엄마와 아이가 즐겁게 영어를 배우는 데 보탬이 되길 바라며, 20년이 넘는 세월 동안 꾸준한 성원을 보내준 독자들에게 다시 한번 고마운 마음을 전한다.

With love and hope for everyone's families, 김린

Lynne L. Kim

Prologue to the First Edition

　1972년 한국에 온 후로 나는 한국사람들의 교육열, 특히 영어에 대한 높은 관심에 깊은 인상을 받았다. 그리고 대학과 기업체에서 영어를 가르치면서 좀 더 어린 학생들을 가르치고 싶은 마음이 들었다. 나이가 어느 정도 든 사람들은 영어가 한국어와 너무 달라서 배우기도 어렵고 발음 역시 제대로 익히기 힘들다는 선입견을 가지고 있었기 때문이다. 언어는 언어일 뿐이다. 한 언어를 이해하고 말하기 위해 문법적으로 분석할 필요는 없다. 한국 사람들은 중학교와 고등학교에 다니면서 영어를 배우는 데 엄청난 시간을 투자한다. 만약 그 시간에 영어문법을 한국말로 분석하고 토의하는 대신 영어회화를 익혔다면 이 나라에는 영어를 능숙하게 구사하는 사람들이 넘쳐났을 것이다. 네이티브 스피커들은 학교에서 문법을 배우기 전에 이미 그 언어를 능숙하게 사용한다. 이 사실은 물론 모국어가 아닌 외국어로서 언어를 배우는 데 좀 더 현실적이고 흥미 있는 접근법으로 반영된다.

  나는 아이들이 외국어를 배우는 시기는 어릴수록 좋다고 생각한다. 교육심리학자들의 이론에서도 알 수 있듯이 어린아이들, 특히 만 5세 이하 아이들의 두뇌는 편견 없이 정보를 흡수한다. 최근 연구에서도 인간의 지능은 죽을 때까지 성장을 거듭하므로 무언가를 배우기에 늦은 시기란 없지만 그래도 어릴수록 더 좋다고 밝히고 있다.

  어떤 이들은 어린아이들이 모국어에 채 익숙해지기도 전에 영어를 가르치는 것에 대해 우려를 표하기도 한다. 그러나 실제 사례나 연구결과들은 어린아이들이 동시에 여러 언어를 배울 수 있는 능력을 갖추고 있다는 사실을 보여준다. 한 예로, 〈아침마당〉이라는 방송을 하면서 만난 한 스위스 소녀의 경우를 들고 싶다. 아이의 아버지는 독일어를 쓰는 스위스인으로 외교관이고, 어머니는 프랑스어를 쓰는 스위스인이다. 이들은 한때 언어문제 때문에 거의 결별 직전까지 간 적이 있었다고 한다. 둘 다 상대방의 언어를 쓸 수는 있지만, 아이들만큼은 자신들의 언어로 키우고 싶어했던 것이다. 그러나 교육자들은 그들에게 각자의 언어로 자녀들에게 말하도록 조언했고, 그들은 그 충고를 따랐다. 결과적으로 그들의 여섯 살 난 딸은 독일어와 프랑스어에 능숙할 뿐 아니라, 미국계 외국인학교에 다녀서 영어까지 잘하게 되었다고 한다. 그리고 그 당시는 한국에 와 있어 한국어까지 열심히 배우고 있었다.

어린아이들은 어른과 달리 언어에 대한 장벽이 없다. 거부감이 없는 것이다. 그냥 받아들이고 그 언어로 얘기할 뿐이다. 그래서 언어를 배우는 데 많은 에너지가 필요치 않다. 모든 것이 아이들에게는 새로울 뿐, 다르다거나 이상하게 여기지 않는다. 그냥 자연스러운 것이다.

발음문제와 관련해서도 꼭 짚고 넘어가야 할 것이 있다. 아이가 어릴 때 듣는 소리는 평생 저장된다고 한다. 그러므로 발음이 정확하지 못한 엄마들은 아이들에게 네이티브 스피커의 목소리로 녹음된 영어 TV 프로그램, 비디오, 그림책과 노래 테이프 등을 태내에 있을 때부터 들려주는 것이 좋다. 그렇지만 이런 엄마들이라도 아이와 함께 영어로 말하기를 주저해서는 안 된다. 엄마의 역할은 완벽한 '영어의 달인'이 되어주는 것이 아니라 아이가 우리보다 훨씬 낫기를 바라면서 자극을 주는 것이다. 그래서 아이가 이해할 무렵에는 정직하게 "엄마는 어릴 때 'F' 발음을 어떻게 내는지 배우지 못해서 가끔은 'ㅍ'처럼 발음할 때도 있어. 그렇지만 넌 어릴 때부터 배우고 있으니까 제대로 할 수 있는 거야. 그러니까 네가 엄마를 도와줄 수도 있어. 내가 'F'를 'ㅍ'으로 발음하면 말해 줘."라고 얘기할 수 있어야 한다. 이렇게 함으로써 엄마와 아이는 한

팀이 될 수 있고, 또 아이가 가끔 엄마의 선생님이 되면서 영어를 빨리, 그리고 즐겁게 배울 수 있다.

최근의 한 연구에서는 아이가 생후 6개월 동안 어떤 소리를 듣지 못하고 자란다면 그 소리를 인지하는 능력이 없어 후에 의식적으로 가르쳐야만 한다고 밝히고 있다. 그러므로 태내에서부터, 또 태어난 직후부터 아이를 영어에 노출하는 것이 예전보다 훨씬 더 중요하게 여겨지고 있다. 현재 우리가 사는 세계에서의 영어의 중요성을 생각한다면 유아 영어 교육은 우리가 아이에게 줄 수 있는 가장 멋진 선물일 것이다. 언어는 책 속에 있는 것이 아니라 일상 속에서 살아 숨 쉬는 것이며, 이 책은 바로 그런 일을 가능케 할 것이다.

〈혼자서도 잘해요〉라는 TV 프로그램 일을 하면서, 일상생활에서 쓰는 영어표현을 마침내 한국 아이들에게 접하게 해줄 수 있다는 사실 때문에 아주 기뻤다. 또 아이들의 눈에 익은 배경과 함께 친숙한 외국인의 얼굴을 보여줘 아이들이 서양인의 외모에 익숙해질 기회가 되었다는 사실 또한 보람 있는 일이었다.

이제 나는 자연스러운 집안 환경 속에서 아이들에게 일찍 영어를 접하게 해주었을 때의 이점을 이해하는 엄마들을 위해 서현주 씨와 함께 이 책을 집필하고 출간할 수 있었다는 사실을 더욱 기쁘게 생각한다. 이런 방식으로 스스로 자신의 아이들을 길러온 서현주 씨의 경험은 유아 영어 교육의 살아 있는 증거라 할 수 있다. 두 아이를 키운 엄마의 경험을 토대로, 또 다른 엄마들에게 자문하기도 하면서 서현주 씨는 한국 엄마들이 일상생활에서 자녀들에게 건네는 말들을 선정했다. 그리고 다섯 자녀를 둔 미국인 엄마로서 나는 현지(native) 영어로 현재 필요하거나 유용한 표현이라 생각되는 것들을 담았다. 일상생활 속에서 엄마가 아이와 나누는 대화들을 영어로 표현하는 작업은 아주 멋진 일이었다.

그런데 내가 한국에서 영어와 관련해 걱정스럽게 여기는 일이 하나 있다. 네이티브 스피커가 아닌 사람이 혼자서 영어책을 집필할 경우의 위험성이다. 엉터리거나, 예의가 없거나, 하류층 사람들이 쓰는 그런 표현을 표준 영어라고 얘기하는 사례를 적지 않게 보아왔기 때문이다. 예를 들어, 젊은 남자들끼리 하는 농담 섞인 대화와 엄마가 아이들에게 하는 대화는 아주 다르다. 이 책은 상류층, 혹은 중상류층 이상의 엄마들이 어떻게 아기에게 얘기하는지 확실하게 보여주고 있다. 실제로 엄마들이 아이에게 말하는 정확하고 예의 바른 표현을 담았고, 한국어와 영어로 말할 때의 몇 가지 차이점은 따로 설명을 덧붙였다. 이 책의 그 어떤 문장이라도 사적인 자리에서나 공적인 자리에서 자신감을 가지고 사용할 수 있는 표현이라고 얘기해 두고 싶다. 이런 일이 가능할 수 있었던 것은 나와 서현주 씨 그리고 저자보다 더 열심히 뛰어다닌 한울림 출판사 김수연 차장, 이 세 명의 완벽한 팀워크가 있었기 때문이다. 앞으로도 나는 이들과 함께 유아영어 교육과 관련된 많은 일을 하고 싶다.

    나는 아이에 대한 엄마의 사랑을 담은 이 책이 엄마나 아이 모두가 즐겁게 시작할 수 있는 유아영어 교육의 밑거름이 되기를 진심으로 바란다.

Sincerely, 김린

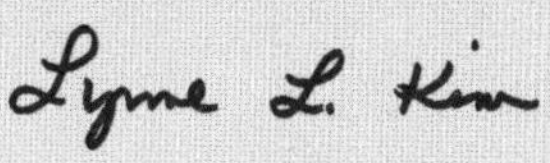

Lynne L. Kim

Contents

Prologue to the Revised Edition 7
Prologue to the First Edition 10

Chapter 1
Hi, Sweetheart. It's Mommy
안녕, 아가야. 엄마란다

뱃속 아기에게 사랑을 전하는 속삭임	22		
아기를 처음 만났을 때	24		
아기를 어르면서	26	우는 아이를 달랠 때	36
수유하면서	28	아기를 재울 때	38
기저귀를 갈면서	30	아기가 몸을 뒤집거나 앉으려고 할 때	39
아기체조를 하면서	31	기기 시작할 때	40
옹알이에 응답하기	32	걸음마를 배울 때	42
적극적인 말 걸기	33	이유식을 먹일 때	44
오감을 자극하기	34	숟가락질을 할 때	46
		배변습관 들이기	47

Chapter 2
Let's Eat
엄마랑 밥 먹자

아침에 일어날 때	50
이 닦을 때	52
세수할 때	54
거울을 보면서	56
욕실에서	58
화장실에서	60
부엌에서	62
요리할 때	64
식사 시간에	66
간식을 먹을 때	68
청소할 때	72
옷을 입힐 때	74
아이 혼자 옷을 입을 때	76
양말과 신발을 신을 때	78
빨래할 때	80
유치원에 아이를 보낼 때	82
유치원에서 아이가 돌아왔을 때	84
전화 통화할 때	86
자기소개	88
장래희망 말해보기	90
가족소개	91
TV나 동영상을 볼 때	94
잠자리에 들 때	96

Chapter 3
Let's Go Outside
엄마랑 밖에 나가자

인사하기	100
아이와 외출하기	101
거리에서	102
거리풍경	103
산책하기	104
자연의 아름다움을 느끼게 하기	106
백화점에서	108
마트나 시장에서	110
버스를 탈 때	112
차를 타고 이동할 때	114
외식할 때	116

Chapter 4
Let's Play Together
엄마랑 놀자

까꿍놀이	120	숨바꼭질 놀이	146
신체놀이	121	모래놀이	148
그림책을 읽어주면서	125	놀이터에서 놀 때	150
동물놀이	128	시장놀이	152
음악을 들려주면서	132	병원놀이	154
물건 찾기 놀이	134	사이먼 가라사대	156
물건 이름 대기 놀이	135	리더 따라 하기	157
부탁놀이	136	알파벳 놀이	158
숫자놀이	137	공놀이	159
그림놀이	138	풍선놀이	160
블록놀이	140	인형놀이	161
찰흙놀이	142	장난감을 갖고 놀 때	162
공작놀이	144		

Chapter 5
We Get Along Well
엄마랑 사이좋게 지내자

칭찬할 때	166
꾸짖을 때	168
자신감을 북돋아 줄 때	169
당부할 때	170
자다 깨서 울 때	171
친구나 동생이랑 싸웠을 때	172
투정 부리거나 떼를 쓸 때	174
아이가 아플 때	176
위험한 상황일 때	178
집안일을 돕게 할 때	180
엄마가 실수했을 때	181
엄마의 감정표현	182

Chapter 6
Most Common Expressions
엄마랑 아이랑 가장 많이 쓰는 영어 대화

Epilogue   218

111

부록
영어 문장 카드

'MP3 파일 전체 다운로드' 버튼을 누르면
음원파일을 한꺼번에 내려받을 수 있습니다.

> **뱃속 아기에게 사랑을 전하는 속삭임**
>
> # Hi, Sweetheart. It's Mommy.
> 안녕, 아가. 엄마야.

뱃속 아기를 Sweetheart, Sweetie, Sugar 같은 애정 어린 호칭으로 부르면서 다정한 목소리로 속삭여보세요.

Hi, Sweetheart. It's Mommy.
OR This is Mommy talking. / It's me, your mommy.
안녕, 아가. 엄마야.

Let's have a good day together.
오늘도 엄마랑 즐겁게 지내자.

Hi, Honey. It's Daddy.
OR This is Daddy talking. / It's me, your daddy.
안녕, 아가야. 아빠란다.

Did you have a nice day with Mommy?
엄마랑 잘 있었어?

Sweetheart, now I'm eating an apple for you. Is it good?
OR It tastes good, doesn't it?
아가야, 엄마가 지금 널 위해 사과를 먹고 있어. 맛있지?

Honey, Mommy's listening to music now. Can you hear it?
아가야, 엄마는 지금 음악을 듣고 있단다. 너도 들리니?

Sweetie, Daddy is going to read you an interesting storybook. Listen carefully.
아가, 아빠가 재미있는 그림책 읽어줄게. 잘 들어봐.

Oh, you're kicking.
OR I can feel you kicking.
어머, 우리 아기, 발차기하는구나.

Are you in a hurry to see Mommy and Daddy?
OR Can't you wait to see Mommy and Daddy?
빨리 엄마랑 아빠가 보고 싶다고?

We're in a hurry to see you, too.
OR We can't wait to see you, either.
엄마랑 아빠도 네가 무척 보고 싶단다.

Mommy's so happy to be expecting you.
엄마는 너를 갖게 돼서 너무 기뻐.

We love you, Sweetheart.
사랑한다, 아가야.

 아기를 부르는 애칭

We love you, Sweetheart.
We love you, Sweetie.
We love you, Honey.
We love you, Sugar.

23

> **아기를 처음 만났을 때**
>
> # We're so happy to have you with us.
> 우린 네가 있어서 얼마나 행복한지 몰라.

새로운 가족을 맞이하는 일은 언제나 벅찬 기쁨을 선사합니다. 사랑스러운 아기에게 열렬한 환영의 인사말을 건네보세요.

Hello, Sweetheart. I'm your mommy.
귀여운 우리 아기, 내가 엄마란다.

Oh, my precious baby. You're so beautiful.
소중한 우리 아가, 너 정말 예쁘구나.

Can you say, "Mommy"?
"엄마" 하고 불러보렴.

It was hard being born, wasn't it?
OR Being born is hard, isn't it?
우리 아기, 힘들었지?

You're so brave!
OR You're just great. / You did a good job.
정말 잘해냈어!

I'm so proud of you.
엄만 네가 너무 자랑스러워.

We're so happy to have you with us.
우린 네가 있어서 얼마나 행복한지 몰라.

This is your father. He wanted so much to see you.
이분이 아빠야. 아빠도 네가 무척 보고 싶었대.

We're so grateful that you are healthy.
네가 건강해서 우린 얼마나 기쁜지 몰라.

Let's celebrate that we have become a family.
우리가 한 가족이 된 걸 축하하자.

 동생을 환영할 때

Let's welcome your little brother.   네 (남)동생을 환영하자.
Let's welcome your brother.   네 (남)동생을 환영하자.
Let's welcome your little sister.   네 (여)동생을 환영하자.
Let's welcome your sister.   네 (여)동생을 환영하자.

> **아기를 어르면서**
>
> # Whose little baby is so pretty?
> 뉘 집 아기가 이렇게 예쁠까?

아기를 달래거나 기쁘게 해줄 표현을 익혀두었다가 아기의 관심을 끌 만한 소리나 몸짓과 함께 활용해보세요.

(Kiss, kiss, kiss!) Are you my little puppy? Yes, you are.
(쪽쪽쪽!) 네가 우리 강아지니? 응, 맞네.

Whose little baby is so pretty? (Kiss, kiss, kiss!)
뉘 집 아기가 이렇게 예쁠까? (쪽쪽쪽!)

Who has such sparkling eyes?
누구 눈이 이렇게 초롱초롱할까?

Oh, isn't that fun?
OR That's fun, isn't it? / Isn't this fun?
어이구, 좋아. 어이구, 좋아.

Rattle, rattle, do you hear that sound? What is it?
(딸랑이를 흔들며) 딸랑딸랑. 저 소리가 들리니? 이게 뭘까?

What's making that sound?
어디서 나는 소리지?

Mommy's gone. Peekaboo. Here she is.
OR Where's Mommy? **OR** Here I am.
엄마 없다. 까꿍. 여기 있네.

Push, push, kick your little legs. Okay, stretch them out. Good!
으쌰, 으쌰. 발차기를 해보자. 다리도 쭉쭉 뻗고. 좋아!

Okay, can I help you stand up?
자, 한번 일어서볼까?

Up you go! Very good!
영차, 올라간다. 정말 잘했어!

Let's Chant!

Bounce, bounce, on my knee. 둥기 둥기 둥기야.
Grow up tall just like me. 쑥쑥 자라라.

Stand up, stand up on my hand. 섬마섬마 해보자.
Point here, point here on your palm. 곤지곤지 해보자.
Close them, open them, both your fists. 잼잼 해보자.
Turn it, turn it, turn your head. 도리도리 해보자.
Clap them, clap them, clap your hands. 짝짜꿍 짝짜꿍 해보자.
Nod it, nod it, nod your head. 끄덕끄덕 해보자.
Very good! 정말 잘했어!

> **수유하면서**
>
> # Do you want some milk?
> 우유 먹을래?

수유하는 동안에도 아기와 눈을 맞추고 계속 말을 걸어보세요. 영어에 익숙해지는 것은 물론이고, 엄마와 아기의 안정적인 애착관계 형성에도 도움이 됩니다.

You're hungry, aren't you? Do you want some milk?
배고프지? 우유 먹을래?

Okay, I'll hurry and get it ready.
OR I'll hurry and prepare it.
그래, 엄마가 빨리 준비할게.

Here's Mommy's breast.
OR Here's your bottle.
엄마가 젖 줄게. / 우유 줄게.

Ouch. Don't bite Mommy's nipple. That hurts!
아얏! 엄마 젖꼭지 깨물지 마, 아파!

Eat all you can. And grow up big and strong.
OR Help yourself.
배불리 먹고 무럭무럭 쑥쑥 자라거라.

Honey, I'm your mommy. Can you see me?
아가야, 내가 엄마란다. 엄마가 보이니?

This is Mommy's finger.
(손가락을 쥐어주며) 엄마 손가락이야.

You're very strong.
우리 아기 힘도 세네.

Is it hard to suck Mommy's breast?
엄마 젖 빨기가 힘들어?

Come on. Eat just a little more.
자, 조금만 더 먹자.

Oh, our Jae-Yoon is a good eater.
OR You're a good eater. / You're doing a great job eating.
아유, 우리 아기 잘도 먹는구나.

Are you done eating?
OR Have you had enough? / Are you full?
그만 먹을래? / 배부르니?

Okay, we're all done. You did a good job eating.
그래. 다 됐다. 잘 먹었어.

Okay, burp time. Pat, pat, pat, burp.
OR It's time to burp you. / Let me burp you.
자, 트림하자. 토닥토닥, 꺼억.

 수유 방식에 따라 달라지는 표현

I nurse my baby.   우리 아기는 젖을 먹여요.
I breastfeed my baby.   우리 아기는 젖을 먹여요.
I give my baby formula.   우리 아기는 분유를 먹여요.
I feed my baby formula.   우리 아기는 분유를 먹여요.

기저귀를 갈면서

I'll change your diaper.
엄마가 기저귀 갈아줄게.

기저귀를 가는 일상적인 돌봄 상황에서도 조용히 있기보다는 활발한 상호작용이 이루어지도록 아기에게 계속 말을 걸어보세요. 아이의 언어능력은 엄마의 말을 들으며 발달합니다.

Why are you crying? Is your diaper wet?
OR Did you wet your diaper?
왜 울어? 기저귀가 젖었니?

Okay, it's time to change your diaper. Let me see if you're wet.
자, 기저귀 갈 시간이다. 젖었나 볼게.

Oh my. You pooped.
어머나, 너 응가했구나.

You had a big poop.
OR You did a good job.
우리 아기 응가도 잘하네.

Okay, I'll change your diaper.
그래. 엄마가 기저귀 갈아줄게.

Hold still. I have to wipe your bottom with a wet tissue.
OR Stay still. / Don't move.
가만히 있어봐. 물티슈로 엉덩이도 닦아야지.

Now let's put some baby powder on your bottom.
이제 엉덩이에 베이비파우더를 바르자.

Now you're clean and dry. Doesn't it feel good?
아, 뽀송뽀송하다. 기분 좋지?

아기체조를 하면서 MP3 1-06

Let's do some baby exercises.
아기체조 하자.

간단한 놀이나 마사지를 해주면서 'This is your toe.' 'Close your hand.'처럼 신체 부위나 동작에 관한 표현을 반복적으로 말해주세요.

Okay, let's do some baby exercises.
자, 아기체조 하자.

First, let's massage your legs.
먼저, 다리를 주무르자.

Now let's do some leg exercises.
이제 다리 운동하자.

Bend your legs. Straighten them out. One, two, three, four.
다리를 굽혔다 폈다. 하나, 둘, 셋, 넷.

Okay! Let's sit up.
(아기의 두 팔을 잡고 윗몸을 일으켜주며) 으쌰! 일어나자.

Now lie down again.
이제 다시 눕자.

I'll rub your tummy.
배를 쓰다듬어줄게.

Very good. You feel good, don't you?
잘했어. 기분 좋지?

> **옹알이에 응답하기**
>
> # Our little baby is babbling.
> 우리 아이 옹알이하는구나.

의미 없는 소리라고 무시하지 말고, 아기의 옹알이에 적극적으로 반응해주세요. 아기는 자신만의 언어로 소리를 낸 뒤 엄마의 반응을 기다립니다.

Our little baby is babbling.
우리 아기 옹알이하는구나.

You're moving your lips. You must have something to say.
입을 오물거리는 걸 보니 할 말이 있나 보네.

What do you want to say?
무슨 말이 하고 싶은 거니?

Oh, yes. Is that so?
오, 그래. 그렇구나?

Oh, you're smiling!
어머, 우리 아기 웃었네!

Yes, you're right. I agree completely.
OR I think so, too.
그래. 네 말이 맞아. 엄마도 그렇게 생각해.

No! You don't say.
오, 정말 그래?

Mommy loves you. Do you love Mommy, too?
OR I love you.
엄마는 너를 사랑해. 너도 엄마를 사랑하지?

적극적인 말 걸기

Where's your hand?
네 손은 어디 있지?

집 안에 있는 물건이나 장난감을 아기에게 보여주며 적극적으로 말을 걸어보세요.

Look over here, Sweetie. What do you see?
OR Look at this,
여기 좀 봐. 뭐가 보여?

This is a chair.
이것은 의자야.

This is your hand. Hand, hand, hand!
이건 너의 손이야. 손, 손, 손!

Where's your hand? Here it is!
네 손은 어디 있지? 여기 있네!

Oh? Whose cute little hand is this?
오, 이 귀여운 손은 누구 손일까?

Is it yours? Is it mine? Yes! It's yours!
네 손이니? 엄마 손이니? 네 손이야!

 옹알이 소리에 반응하기

Was it your babbling, gaga?　가가라고 옹알이 한 거니?
Oh, did you say goo goo?　구구라고 말한 거니?
Oh, I heard you say mama.　마마라고 한 거 들었어.
Booboo? What's that sound?　부부라고? 그건 무슨 소리야?

> **오감을 자극하기**
>
> # How does it feel?
> 느낌이 어때?

영유아 시기 오감(시각, 청각, 후각, 미각, 촉각)을 자극하는 감각놀이는 아이의 인지발달과 정서 발달에 긍정적인 영향을 줍니다. 감각에 관한 다양한 표현을 배워서 아이와 놀 때 활용해보세요.

Listen, Honey. What's this sound?
OR What sound is this?
잘 들어봐. 이게 무슨 소리지?

Rattle, rattle! It's a rattle.
딸랑딸랑! 딸랑이 소리야

Rrrring! It's the telephone ringing.
따르릉! 전화벨 소리야.

It's the crunch, crunch of crumpling up paper.
부스럭부스럭, 종이를 구기는 소리야

Clap clap. It's the sound of hands clapping.
짝짝 짝짝, 손벽을 치는 소리야.

Do you want to touch this? How does it feel?
이거 한번 만져볼래? 느낌이 어때?

It's rough.
까칠까칠하지.

What does this taste like?
OR How does this taste?
이건 무슨 맛일까?

It tastes sweet.
달콤하지.

Sniff, sniff, what does this smell like?
킁킁, 이건 무슨 냄새지?

It smells like flowers.
꽃 냄새가 나네.

Look at this. What is it?
이것 좀 보세요. 이게 뭘까?

It's a black and white mobile.
흑백 모빌이에요.

Look at Mommy's eyes, Honey. I'm blinking.
엄마 눈 좀 보세요. 엄마가 눈을 깜박거려요.

 맛에 관한 표현

It tastes sweet. 달콤해.
Sesame oil has a nutty taste. 참기름은 고소해.
If you apply too much dressing, it will be salty. 드레싱을 너무 많이 뿌리면 짜.
This fruit is unripe and sour. 이 과일은 덜 익어서 시어.
This medicine does not taste bitter. 이 약은 쓰지 않아.
This chocolate is bittersweet. 이 초콜릿은 달콤쌉쌀해.

> 우는 아이를 달랠 때
>
> # I'll give you a big hug.
> 엄마가 꼭 껴안아 줄게.

말 못 하는 아기의 의사 표현은 울음이지요. 아기의 요구에 반응해주고, 우는 아기를 달랠 수 있는 표현을 배워봅시다.

Hush! Jae-Yoon. Mommy's here.
쉿! 재윤아. 엄마 여기 있네.

What's the matter? Is something wrong?
왜 그래? 어디가 불편한 거니?

Should I check your diaper?
기저귀가 젖었나 볼까?

Are you hungry?
배가 고프니?

Okay, I'll give you a big hug.
자, 엄마가 꼭 껴안아 줄게.

I'll rub your back.
등 쓰다듬어줄게.

I'll blow on your face.
얼굴에다 후- 불어줄게.

Shhh. Okay. It's okay. Stop crying.
쉬, 그래. 이제 괜찮아. 그만 울어요.

Should I give you a piggyback ride?
업어줄까?

Come here. I'll give you a ride.
OR Come to Mommy.
이리 와. 어부바.

Should I hold you?
안아줄까?

Come here. I'll pick you up.
이리 와. 안아줄게.

 신체 접촉에 관한 표현

I'll **rub** your tummy.　배를 문질러 줄게.
Can you **give** your daddy **a massage**?　아빠 안마해줄래?
Get up, or I'll **tickle** you.　일어나. 안 그러면 간지럼을 태울 거야.
Stop **pinching** your sister.　네 동생 꼬집는 거 그만해.
Do you want to **pet** the kitten?　새끼고양이 쓰다듬어 볼래?

⚠ 'pet'은 동물을 쓰다듬거나 연인 사이의 애무를 뜻하는 단어라서 아이에게 절대 쓸 수 없어요.

아기를 재울 때

Our little baby sleeps so well.
우리 아기 잘도 잔다.

잠자리에서 아기를 토닥이면서 다정한 목소리로 속삭여보세요. 자장가를 불러주는 것도 좋아요. 아이가 영어와 친해질 수 있는 방법 가운데 하나가 자장가랍니다.

Our little baby seems so sleepy.
OR You look sleepy.
우리 아기, 잠이 오나 보구나.

Good babies don't fuss before going to sleep.
착한 아기는 잠투정하는 거 아냐.

Come here. I'll put you to bed. It's time to go to sleep.
이리 와, 엄마가 재워줄게. 이제 코 자자.

Lie down and close your eyes. I'll sing you a lullaby.
눈 감고 누워. 엄마가 자장가 불러줄게.

Sleep, sleep my little baby. Our little baby sleeps so well.
자장자장 우리 아가. 우리 아기 잘도 잔다.

Oh, I'm sleepy, too.
OR Mommy's tired, too. / My eyes keep closing.
엄마도 졸리네. / 엄마도 피곤하네. / 엄마도 눈이 감기네.

How about if I lie down next to you and go to sleep, too?
옆에 누워 같이 잘까?

아기가 몸을 뒤집거나 앉으려고 할 때

You want to turn over, don't you?
뒤집고 싶니?

눕다, 앉다, 뒤집다 등 동작에 관한 표현을 익혀두었다가 아기가 몸을 뒤집거나 앉으려고 할 때 격려와 응원의 말을 해주세요.

Okay, lie on your back like this.
자, 이렇게 누워 있어.

You want to turn over, don't you?
뒤집고 싶니?

Go for it! Go for it! It's hard, isn't it?
영차, 영차. 힘들지?

Wow! You finally turned over!
와, 우리 아기 드디어 뒤집었다!

Okay, get up. Try to sit up now.
좋아, 일어나. 이젠 앉아보자.

All right, you're sitting up. You don't fall over any more.
자, 앉았다. 이제 안 넘어지네.

Are you tired? So, do you want to lie down?
피곤하니? 그럼 이제 누울까?

> **기기 시작할 때**
>
> # You're scooting.
> 우리 아기 배밀이하는구나.

배밀이를 하고, 기어 다니기 시작하면서 아이의 활동 반경은 넓어집니다. 앞뒤, 좌우 등 방향과 관련해 자주 쓰는 표현을 알아두면 좋아요.

Do you want to go forward(s)?
앞으로 가고 싶니?

Try a little harder, just a little harder.
조금만 더 해봐. 조금만 더.

You're scooting.
OR You're pushing yourself along on your tummy.
우리 아기 배밀이하는구나.

Yes, that's how you do it! Come here.
OR how it's done. Go over there.
옳지. 그렇게 하는 거야. 이리 와봐. / 저리 가봐

Jae-Yoon, look at this toy.
재윤아, 이 장난감 좀 봐.

You like this, don't you? Come and get it.
너 이거 좋아하지? 이리 와서 가져가.

One, two, one, two. Right! Left!
하나, 둘, 하나, 둘. 오른쪽, 왼쪽!

Wow! You can crawl now.
우와! 우리 아기 이제 길 수 있다.

Mommy's coming to get you.
엄마가 너 잡으러 간다.

Don't move. I'm going to catch you.
꼼짝 마. 엄마가 잡을 테니까.

Crawl crawl, I've got you.
엉금엉금, 잡았다.

Try It!   **Do you want to~**   ~하고 싶니?

Do you want to go backward(s)?   뒤로 가고 싶니?
Do you want to go sideways?   옆으로 가고 싶니?
Do you want to go left?   왼쪽으로 갈래?
Do you want to go right?   오른쪽으로 갈래?
Do you want to go fast?   빨리 가고 싶어?
Do you want to go slow(ly)?   천천히 가고 싶어?

> **걸음마를 배울 때**
>
> # Be careful. You might fall over.
> 조심해야지. 넘어질라.

걸음마 연습을 도와주면서 아이에게 건넬 칭찬과 격려의 말을 기억해두었다가 활용해보세요.

Okay, Jae-Yoon. Let's try standing up and walking.
자, 재윤아, 일어서서 걸음마 해보자.

One step, another step. Left foot, right foot.
한 발짝, 한 발짝. 왼발, 오른발.

That's right! That's how you do it.
옳지, 그렇게 하는 거야.

Be careful. You might fall over.
조심해야지. 넘어질라.

Oh, oh. You fell over.
OR You went boom. / You fell down and went boom.
아이쿠, 넘어졌구나.

Does it hurt?
OR Are you okay?
아프지? / 괜찮아?

Don't cry. You're all right. You're all right. Try again.
OR It's okay. It's okay.
울지 마. 괜찮아, 괜찮아. 다시 해보자.

Don't hurry. Do it slowly.
　　　　　　OR Take your time.
서두르지 마. 천천히 해야지.

Wow! You walked! Hip, hip, hooray!
와! 우리 아기 걸었다! 만세!

Do you want to sit down and rest, Honey?
이제 앉아서 좀 쉴래?

Very good, Jae-Yoon.
OR You did a good job.
잘했어, 우리 재윤이.

That's how~　그렇게 ~하는 거야

That's how it's done.　그렇게 하면 돼.
That's how I like it.　나는 그렇게 하는 걸 좋아해.
That's how I learned it.　나는 그렇게 배웠어.
That's how it works.　그렇게 돌아가는 거야.
That's how I feel.　나는 그렇게 느껴.

이유식을 먹일 때

Let's eat just one more bite.
한 입만 더 먹자.

적게는 하루 한 번, 많게는 하루에 세 번 이유식을 먹이는 시간은 아이에게 영어로 말 걸기 좋은 기회입니다. 맛과 음식에 관한 표현을 알려주세요.

You're hungry, aren't you? Let's eat.
배고프지? 맘마 먹자.

Today we have delicious tomato soup.
오늘은 맛있는 토마토 수프야.

Ummm. That smells good, doesn't it?
음, 냄새가 좋은데, 그렇지?

Say, "Ah." It's good, isn't it? Yum, yum, yum.
아- 해봐. 맛있지? 냠냠냠.

Chew it well. Good. You're doing a good job chewing.
꼭꼭 씹어 먹는 거야. 그래, 잘 씹는구나.

You're drooling. I'll wipe your mouth.
너 침 흘리는구나. 엄마가 입 닦아줄게.

That's dirty. Don't eat it. Yuck. Spit it out.
그건 지지야. 먹지 마. 퉤, 뱉어내.

Let's eat just one more bite.
한 입만 더 먹자.

Are you full? Is that all you want?
　　　　　　　　OR Is that enough?
배불러? 그만 먹을래?

That was good, wasn't it? You ate very well.
　　　　　　　　　　　　OR You're a good eater. / You did a good job eating.
그래 맛있었지? 아주 잘 먹었어.

Let's Chant!

I am eating, I am eating,　나는 먹어요, 나는 먹어요.
Something red. Something red.　빨간 걸. 빨간 걸.
Do you want some more?　더 먹고 싶어요?
Do you want some more?　더 먹고 싶어요?
Yes, I do.　네, 더 먹을래요.
Yum, yum, yum.　냠냠냠.

숟가락질을 할 때

That's all right. I'll wipe it up.
괜찮아, 엄마가 닦을게.

이유식을 먹기 시작한 아이는 손이나 숟가락을 써서 스스로 음식을 입으로 가져가려 노력합니다. 혼자 할 준비가 됐다는 아이의 신호를 인내심을 가지고 지켜보면서 아이의 행동을 돕는 표현을 배워보세요.

Are you thirsty? Should I give you something to drink?
목말라? 마실 것 좀 줄까?

What do you want to drink? Juice or water?
뭐 마실래? 주스 아니면 물?

How about drinking from a cup instead of from the bottle?
젖병 말고 컵으로 마셔볼까?

Do you want to try eating with the spoon?
숟가락으로 네가 먹어볼래?

It seems hard for you.
잘 안 되나 보구나.

That's okay. You'll be able to do it well soon.
괜찮아, 곧 잘할 수 있을 거야.

Oh, you dribbled your food. It's all over.
저런, 흘렸구나. 온통 엉망이네.

That's all right. I'll wipe it up.
괜찮아, 엄마가 닦을게.

> **배변습관 들이기**
>
> # Do you want to go to the bathroom?
> 화장실 가고 싶어?

배변 훈련(potty training)을 시작했다면, 아이가 차츰 'potty'라는 단어에 익숙해지고 용변을 보고 싶다는 의사를 스스로 표현할 수 있게 반복해서 알려주세요.

Do you want to go to the bathroom?
화장실 가고 싶어?

Do you want to have a bowel movement?
응가하고 싶어?

Okay, let's go potty.
자, 쉬(응가) 하러 가자.

Don't hold it. Just go potty in the toilet.
참지 말고 변기에다 쉬하자.

Mommy and Daddy use the toilet to poo poo.
엄마랑 아빠도 변기에다 응가하지?

Now you can use the toilet, too.
너도 이제 응가는 여기에 하는 거야.

Oh my gosh! You wet your pants.
저런! 바지에다 쉬했구나.

That's okay. You can do better next time.
괜찮아, 다음부터 잘하면 돼.

When you want to go potty, just say, "Potty, Mommy."
쉬하고 싶을 땐 엄마에게 "엄마, 쉬"라고 말해줘.

If you go potty just anywhere, it's hard for Mommy.
네가 아무데나 쉬하면 엄마가 힘들어요.

Thank you for telling Mommy you had to go potty.
엄마에게 쉬하겠다고 알려줘서 고마워.

No, Honey. Stop! Girls can't stand up and go potty.
안 돼! 여자는 서서 쉬 못하는 거야.

Oh, yes! You went potty in the potty chair.
우와! 우리 아기 변기에다 쉬했다. 만세!

Very good. I'll wipe you.
정말 잘했어. 엄마가 닦아줄게.

 생리현상에 관한 표현

Just go potty in the toilet. 변기에다 쉬하자.
Just tinkle in the toilet. 변기에다 쉬하자.
Just go pee pee in the toilet. 변기에다 쉬하자.
Just pee in the toilet. 변기에다 쉬하자.

아침에 일어날 때

It's time to get up.
이제 일어나야지.

아이에게 하루를 시작하는 아침 인사를 다정하게 건네봅시다. 간단하고 쉬운 표현이라도 좋아요. 일어나서 잠들기까지 생활 속에서 자연스럽게 영어를 접하는 것이 중요합니다.

Good morning. Did you sleep well?
안녕, 잘 잤니?

It's morning. It's time to get up.
아침이다. 이제 일어나야지.

 Oh, I don't want to. I'm sleepy.
으응, 싫어요. 졸려요.

Get up, or I'll tickle you, you sleepyhead.
안 일어나면 간지럽힐 거야, 이 잠꾸러기야.

The sun is up. Hurry and get up.
OR **Rise and shine. / Up and at 'em.**
해님이 벌써 떴어요. 어서 일어나세요.

You should say, "Good morning, Mommy."
"엄마, 안녕히 주무셨어요?"라고 해야지.

How do you feel today?
오늘은 기분이 어때?

Okay, stretch hard. Let's do some morning exercises.
자, 힘차게 기지개 켜고, 아침 체조 하자.

Let's make the bed.
OR Let's put away the quilts. / Let's straighten your pillow.
잠자리 정리하자. / 이불을 개자 / 베개를 정리하자.

Take off your pajamas, and get dressed.
잠옷 벗고 옷 입어.

Okay, go wash your face.
자, 가서 세수해.

 **It's time to~**   ~할 시간이야.

It's time to **go to bed**.   잠 잘 시간이야.
It's time to **go to school**.   학교 갈 시간이야.
It's time to **eat breakfast**.   아침 먹을 시간이야.
It's time to **take a shower**.   샤워할 시간이야.

> **이 닦을 때**
>
> # Let's brush your teeth completely clean.
> 구석구석 깨끗이 닦자.

아이에게 익숙한 사물이나 상황을 이용해 영어로 말을 건네보세요. 양치질처럼 매일 반복되는 행동일 경우 영어와 바로 연결되어서 기억하기 쉽습니다.

(You should) brush your teeth before going to bed.
자기 전에 이 닦아야지.

(You should) brush your teeth after eating each meal.
밥 먹고 나서는 이를 닦는 거야.

You should brush your teeth three times a day for three minutes.
이는 하루 세 번, 3분 동안 닦는 게 좋아.

Squeeze the toothpaste, and put it on the toothbrush.
자, 치약을 짜서 칫솔에 묻히자.

Let's brush your teeth completely clean.
구석구석 깨끗이 닦자.

Brush, brush, up and down, up and down, back and forth, back and forth.
치카치카, 위아래 위아래, 푸카푸카, 앞뒤 앞뒤, 싸악싸악.

Upper teeth, lower teeth, right side, left side, in front, in back.
윗니 아랫니, 오른쪽 왼쪽, 앞쪽 뒤쪽.

Now let's spit it out.
이제 뱉어내.

Rinse your mouth. Swish, swish, gargle, gargle.
입안을 헹구자. 가르륵, 가글가글.

Wow! Your teeth are sparkling clean.
와, 이가 반짝반짝 빛나네.

Let's Chant!

Upper teeth, 윗니!

Up and down, up and down 위아래로, 위아래로
Back and forth, back and forth 앞뒤로, 앞뒤로
Right and left, right and left! 양옆으로, 양옆으로!

Lower teeth, 아랫니!

Up and down, up and down 위아래로, 위아래로
Back and forth, back and forth 앞뒤로, 앞뒤로
Right and left, right and left 양옆으로, 양옆으로
Okay, all done! 좋았어, 끝!

> **세수할 때**
>
> # Let's wash your face with soap.
> 비누로 얼굴을 씻자.

양치나 세수 등 일상생활에서 영어를 반복적으로 접하다 보면, 아이는 거부감 없이 편하게 영어를 받아들이게 됩니다.

(You should) wash your hands after playing outside.
OR when you come home
밖에서 놀다 왔으면 손을 씻어야지.

(Let's) go wash your face. Your face is dirty.
가서 세수하자. 얼굴이 더럽네.

You've got some dirt on your face.
얼굴에 지지가 묻었네.

Okay, let's wash your face with soap.
자, 비누로 얼굴을 씻자.

Let's make lots of lather and scrub you clean.
비누 거품을 내서 싹싹 씻고.

(Let's) wash the back of your neck clean.
목덜미도 깨끗이 씻자.

Let's wipe your face with the towel.
수건으로 얼굴을 잘 닦아야지.

Let's comb your hair.
머리 빗자.

Come here. I'll do your hair for you.
이리 와. 엄마가 머리해줄게.

How do you want it? In a ponytail?
어떻게 해줄까? 한 갈래로 묶을까?

Who's that handsome young man in the mirror?
OR pretty young lady
거울 속에 있는 이 멋진 신사 / 예쁜 숙녀는 누구야?

You do a good job by yourself. Our Jae-Yoon is great!
혼자서도 잘하는구나. 우리 재윤이 최고!

in a ponytail 하나로 묶기 **in pigtails** 양 갈래로 묶기 **in one braid** 하나로 땋기 **in (two) braids** 양 갈래로 땋기 **in a bun** 하나로 틀어 올린 머리 **in two buns** 둘로 틀어 올린 머리

- **forehead** 이마
- **eyebrow(s)** 눈썹
- **eyelash(es)** 속눈썹
- **eye(s)** 눈
- **nose** 코
- **lip(s)** 입술
- **teeth** 치아
- **tongue** 혀
- **ear(s)** 귀
- **cheek(s)** 뺨
- **nostril(s)** 콧구멍
- **mouth** 입
- **chin** 턱

> **거울을 보면서**
>
> # Who's in the mirror?
> 거울 속에 누가 있을까?

거울을 보고 눈, 코, 입 등 얼굴에 있는 다양한 기관을 손가락으로 짚어보며, 신체와 관련한 어휘를 쉽고 재미있게 배울 수 있어요.

This is a mirror.
이건 거울이야.

Who's in the mirror?
거울 속에 누가 있을까?

Hello? Is that Jae-Yoon?
안녕, 재윤이니?

And who's this? It's Mommy.
이 사람은 누구지? 엄마야.

This is Jae-Yoon, and this is Mommy.
이건 재윤이고, 이건 엄마네.

Jae-Yoon, where's your eye? Here it is.
OR where are your eyes? Here they are.

재윤이 눈은 어디 있지? 여기 있네.

Where's Mommy's eye? Here it is.
엄마 눈은 어디 있지? 여기 있네.

- **comb** 빗
- **towel** 수건
- **shower** 샤워기
- **mirror** 거울
- **shampoo** 샴푸
- **toilet paper** 두루마리 휴지
- **sink** 세면대
- **soap** 비누
- **toilet** 변기
- **bathtub** 욕조

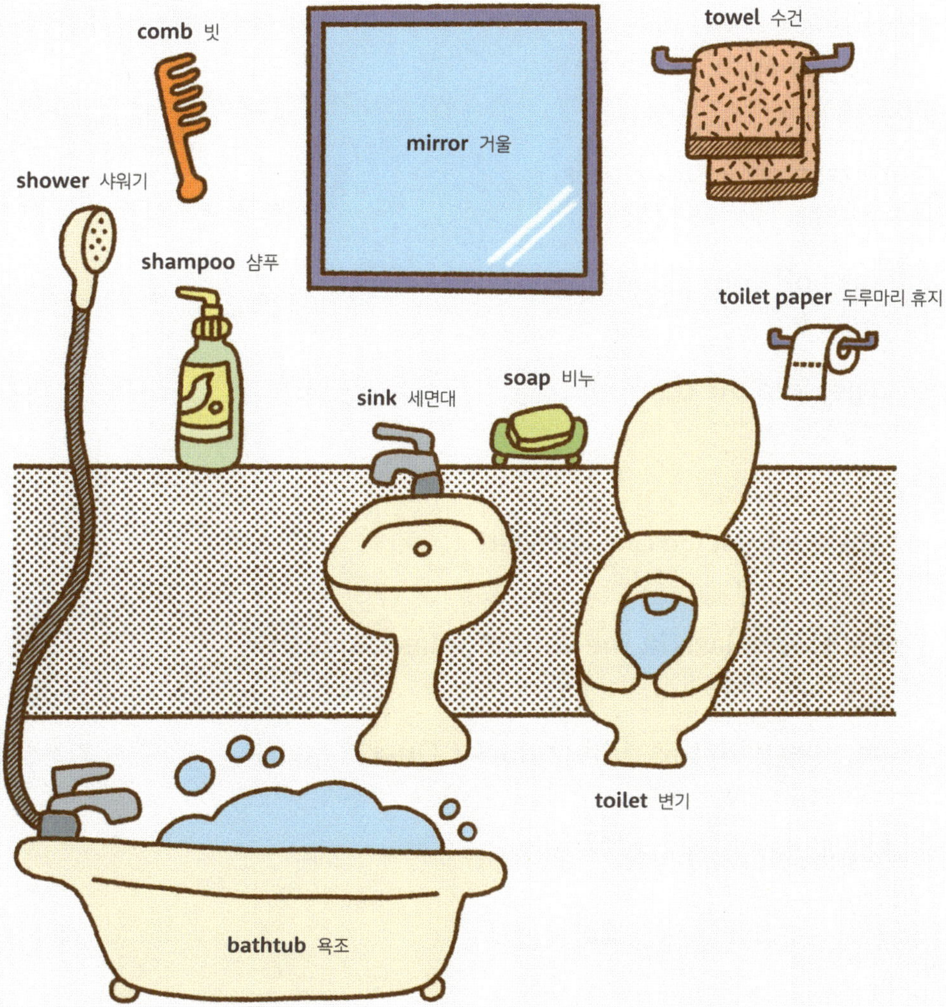

> **욕실에서**
>
> # You get into the bathtub.
> 욕조에 들어가야지.

비누 거품이나 오리 인형과 함께라면 목욕도 재미있는 놀이가 될 수 있어요. 목욕을 하면서 bathtub, soap, towel 같이 욕실에서 흔히 볼 수 있는 물건들의 이름을 가르쳐주세요.

Okay, Honey. It's bath time.
자, 목욕하자.

Let's take off your clothes.
옷을 벗어야지.

I'll take off your diaper.
기저귀 벗겨 줄게.

You get into the bathtub.
욕조에 들어가야지.

The water's warm, isn't it?
OR The water got too cool, didn't it?
물이 따뜻하지? / 너무 미지근하지?

Should we splash in the water? Splash, splash.
물장구를 쳐볼까? 첨벙첨벙.

Here, play with this rubber ducky. Quack, quack.
이 오리 인형 가지고 놀아. 꽥꽥.

(We should) wash your hair first.
머리 먼저 감아야지.

Let's make some bubbles with the shampoo. Bubble, bubble, bubble.
샴푸로 거품을 내보자. 보글보글.

(Now let's) rinse your hair with some clean water.
이제 깨끗한 물로 헹구자.

This is soap. It's slippery, isn't it?
이건 비누란다. 미끌미끌하지?

We'll wash your pretty face and wash your hands squeaky clean.
우리 아기, 예쁜 얼굴도 씻고, 손도 뽀득뽀득.

Now, I'll rinse you off.
이제 말끔히 헹구자.

Okay, we're all done. Let's dry you with the towel.
자, 다 됐다. 이제 수건으로 닦자.

 목욕할 때

Did you shower today? 오늘 샤워했니?
Don't forget to take a shower after playing outside.
　밖에서 놀고 와서 샤워하는 거 잊지 마.
Can you give your doll a bath? 네 인형 목욕시킬 수 있어?
Let's bathe in the tub. 욕조에서 목욕하자.
Wash your hair and neck. 머리 감고 목도 씻으렴.

> **화장실에서**
>
> # Now you have to flush the toilet.
> 이제 변기 물 내려야지.

아직 엄마의 도움이 필요한 시기에 화장실에서 쓸 수 있는 표현과 함께 화장실 예절에 대해서도 가르쳐주세요.

Do you want to go to the bathroom?
화장실 가고 싶니?

Should I go with you?
엄마가 함께 가줄까?

Do you want to go potty?
소변보고 싶어?

Do you want to have a bowel movement?
대변보고 싶어?

Take off your pants. And pull down your underpants, too.
바지 벗고, 팬티도 내려야지.

Sit down on the trainer seat.
이제 보조 변기에 앉아.

Are you done?
OR Are you finished? / Do you feel better?
다 눴니? / 끝났니? / 이제 시원해?

Wipe your behind. Should I help you?
휴지로 엉덩이 닦아. 엄마가 도와줄까?

Very good. Now you have to flush the toilet.
잘했어. 이제 변기 물 내려야지.

Okay, wash your hands and let's go out.
자, 손 씻고 나가자.

 속옷 종류

Pull down your underpants. 팬티를 내리렴. (남녀 속옷)
Pull down your panties. 팬티를 내리렴. (여자 속옷)
Pull down your pants. 팬티를 내리렴. (남녀 속옷-영국)
Take off your undershirt. 러닝셔츠를 벗으렴. (남자 속옷)

> **부엌에서**
>
> # I'm making breakfast now.
> 엄마는 지금 아침 식사를 준비하고 있어.

요리나 설거지 같은 집안일을 할 때도 아이에게 영어로 말을 걸어보세요. 부엌에서 쓰는 물건의 이름과 관련 표현을 익힐 수 있습니다.

Play here by me while I'm washing the dishes.
OR I'm doing the dishes. / I'm cooking.
엄마가 설거지하는 동안 / 요리하는 동안 옆에서 놀고 있어.

First, I put on the rubber gloves and turn on the water.
우선 고무장갑을 끼고, 물을 틀어야지.

Can you hear the water? (Whoosh, whoosh)
물소리 들리지? (쏴아, 쏴아)

I'm washing the dishes with a scrubber and dish detergent.
수세미랑 주방세제로 그릇을 씻고 있어.

We have to wash the plates, and the rice bowls.
접시랑 밥그릇도 씻어야 해.

I'm taking the food out of the refrigerator.
냉장고에서 음식을 꺼내고 있단다.

I'm making breakfast now.
엄마는 지금 아침 식사를 준비하고 있어.

Would you please put your glass in the sink?
마신 물컵은 싱크대에 넣어줄래?

Let's dry the dishes in the dish rack.
씻은 그릇은 식기건조대에서 말리는 거야.

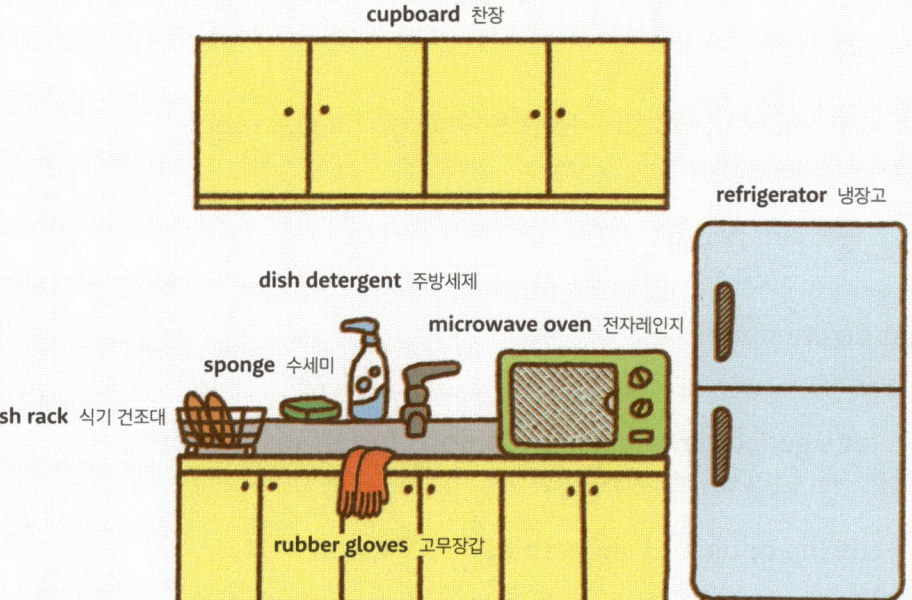

cupboard 찬장
refrigerator 냉장고
dish detergent 주방세제
microwave oven 전자레인지
sponge 수세미
dish rack 식기 건조대
rubber gloves 고무장갑

gas range 가스레인지
kitchen table 식탁
oven 오븐

> **요리할 때**
>
> # Do you want to taste it?
> 먹어볼래?

각종 식재료와 조리도구를 아이에게 실물로 보여주며 이름을 알려주면 훨씬 쉽고 재미있게 관련 어휘를 배울 수 있습니다.

I'll make you some of the ddok bokki you like so much.
네가 좋아하는 떡볶이 만들어줄게.

 Oh, good!
야, 맛있겠다.

What do we need?
뭐가 필요할까?

First, let's get some carrots and onions out of the refrigerator.
우선 냉장고에서 당근하고 양파를 꺼내자.

Let's cut the ddok and vegetables.
떡과 채소를 썰자.

Let's put the ddok and the vegetables in the frying pan.
프라이팬에 떡과 채소를 넣자.

Now we cook it.
이제 요리하는 거야.

Sizzle sizzle, bubble bubble. It smells good, doesn't it?
지글지글 보글보글, 맛있는 냄새가 나지?

 Yes, I can't wait to eat it.
네. 빨리 먹고 싶어요.

It should be done now.
이제 다 익었겠다.

Do you want to taste it? Is it too hot?
먹어볼래? 너무 매워?

 Oh, it's hot.
앗, 매워요.

Should we add some more water?
물을 좀 더 넣을까?

There, now it's all ready.
자, 이제 다 됐다.

Ta-da! Ddok bokki is served!
짜잔! 맛있는 떡볶이가 대령이요.

Let's enjoy it.
맛있게 먹자.

rice paddle 밥주걱
fork 포크
knife 칼

rice bowl 밥그릇   soup bowl 국그릇

cup and saucer 찻잔과 받침
glass 유리컵
mug 머그잔

frying pan 프라이팬

chef's knife 식칼
cutting board 도마

spoon and chopsticks 숟가락과 젓가락

plate 접시

(cooking) pot 냄비
kettle 주전자
ladle 국자
tray 쟁반
mixing bowl 믹싱볼

> **식사 시간에**
>
> ## Let's enjoy our meal.
> 맛있게 먹자.

어릴 때부터 건강한 식습관과 기본적인 식사예절이 몸에 배어 있으면 참 좋겠죠? 이와 관련한 영어표현을 배워두었다가 활용해보세요.

It's time for breakfast. Come and eat.
아침밥 먹을 시간이다. 어서 와서 먹어.

You should wash your hands before you eat.
식사 전에 손 씻고 와야지.

Please tell Daddy that breakfast is ready.
아빠한테 아침 준비가 다 됐다고 말씀드릴래?

Let's enjoy our meal.
맛있게 먹자.

 It looks good.
OR **It smells good.**
맛있겠다.

Today I made dwenjang-jigye.
오늘은 된장찌개를 했어.

If you're a picky eater, you can't grow tall.
가려 먹으면 키가 안 커.

You have to eat a balanced diet to grow big and strong.
골고루 잘 먹어야 튼튼하게 자라지.

Can you use your chopsticks by yourself?
혼자서 젓가락질 할 수 있겠니?

Eat with your spoon. Don't play with your food.
숟가락으로 떠먹어야지. 음식으로 장난치지 말고.

Don't move around when you're eating.
밥 먹을 때 왔다 갔다 하는 거 아냐.

Sit in your chair and eat.
제자리에 앉아서 먹어야지.

Was that good?
OR Did you enjoy that?
잘 먹었니? / 맛있었어?

 식사 시간 감사의 인사

Bon appétite.   맛있게 드세요.
It looks good.   맛있겠어요.
It smells good.   맛있는 냄새가 나요.
That was good, thank you.   맛있게 잘 먹었습니다.

간식을 먹을 때

Let's have a snack.
간식 먹자.

간식을 먹으면서 아이에게 어떤 음식이 좋은지 물어보세요. 시다, 달다, 뜨겁다, 부드럽다 같은 맛에 관한 표현도 자연스럽게 익힐 수 있습니다.

Jae-Yoon, let's have a snack.
OR It's time for a snack. / It's snack time.
재윤아, 간식 먹자. / 간식 시간이야.

Come here. Sit in your chair.
이리 와서 네 의자에 앉으렴.

It's rice cake. You like it, don't you?
OR It's an apple. You like apples, don't you?
떡이야. 너 떡 좋아하지? / 사과야. 너 사과 좋아하지?

Jae-Yoon, try this cookie. How does it taste?
재윤아, 이 쿠키 좀 먹어봐. 맛이 어때?

It tastes good, doesn't it?
OR It's good, isn't it?
맛있네, 그렇지?

It doesn't taste very good, does it?
OR It isn't very good, is it?
별로 맛이 없네, 그렇지?

How do mandarin oranges taste?
귤은 무슨 맛이 나니?

They taste sour.
OR They're sour.
신맛이 나네.

Let's have some hot chocolate.
핫초코를 마시자.

Is it too hot?
너무 뜨겁니?

Pears are juicy, aren't they?
배는 과즙이 많아, 그렇지?

Cake is soft, isn't it?
케이크는 부드럽지, 그렇지?

You should share (it) with your little brother.
동생과 사이좋게 나눠 먹어야지.

If you eat too many sweet things, you'll get cavities.
OR your teeth will decay
너무 단것만 먹으면 이가 썩는단다.

If you eat too much candy, you won't be hungry for lunch.
OR you won't have an appetite for dinner
사탕을 너무 많이 먹으면 밥맛이 없어요.

Fun Facts

Snack Foods 간식거리

우리는 쿠키, 스낵, 사탕, 초콜릿 등을 합쳐 '과자'라고 부르지만, 영어에는 과자를 지칭하는 말이 딱히 없어요. 온갖 종류의 간식거리를 정확히 구분해서 부릅니다.

lollipop / sucker

A lollipop is too hard to chew.
막대사탕은 씹어먹기엔 너무 딱딱해.

cotton candy

Cotton candy is so fluffy.
솜사탕은 정말 폭신폭신해.

chips

Potato chips are crispy, aren't they?
감자칩은 바삭바삭하지?

gummy candy

Gummy candy is chewy.
구미 젤리는 쫄깃쫄깃해.

caramels

This caramel melts in your mouth.
이 캐러멜은 입안에서 녹아.

cookies

I like crunchy cookies.
나는 바삭바삭한 쿠키가 좋아.

chocolate bar

A chocolate bar is easy to eat.
판초콜릿은 먹기 간편해.

hollow chocolate

Shake this hollow chocolate.
Guess what's inside.
이 초콜릿 알을 흔들어봐. 뭐가 들었을까?

candy bars

Candy bars often have crispy nuts on them.
초코바에는 보통 바삭한 견과류가 들어있어.

taffy

I don't like taffy. It feels so sticky.
나는 엿이 싫어. 너무 끈적끈적해.

Baked Goods 빵 종류

우리나라에서 빵(bread)이라고 하면 온갖 종류의 빵을 말하지만, 영어로 'bread'는 식빵을 말해요. 간식거리와 마찬가지로 각종 빵을 구분해서 부릅니다.

bread

Bread and butter is my favorite breakfast.
내가 제일 좋아하는 아침 식사는 버터 바른 빵이야.

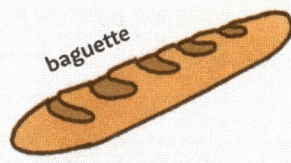

baguette

French baguettes are crusty on the outside and soft on the inside.
프랑스식 바게트는 겉은 바삭하고 속은 부드러워.

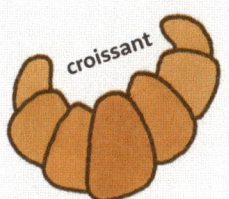

croissant

Croissants are buttery and crescent bread.
크루아상은 버터가 가득한 초승달 모양 빵이야.

bagels

I like to eat bagels with cream cheese on them.
나는 베이글에 크림치즈를 발라 먹는 걸 좋아해.

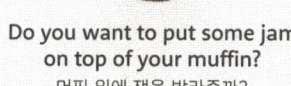

muffins

Do you want to put some jam on top of your muffin?
머핀 위에 잼을 발라줄까?

cake

I want a moist and spongy cake.
나는 촉촉하고 폭신한 케이크가 먹고 싶어.

pie

I prepared a crisp and sweet apple pie for dessert.
디저트는 바삭하고 달콤한 애플파이란다.

> **청소할 때**
>
> # Would you put away your toys?
> 네 장난감 좀 치워줄래?

아이가 갖고 놀았던 장난감을 스스로 정리하게 하거나 집 청소를 돕게 하는 일은 책임감을 길러 줄 뿐만 아니라 집 안 곳곳에 있는 물건들의 이름을 배우는 기회가 됩니다.

The house is too messy, isn't it?
집이 너무 지저분하지?

Let's clean it.
청소 좀 하자.

Would you open the window?
창문 좀 열어줄래?

First, we need to dust.
먼지 좀 털어야겠다.

Would you put away your toys?
네 장난감 좀 치워줄래?

I'll run the vacuum cleaner.
OR I'll do the vacuuming.
엄마는 청소기 돌릴게.

Would you put this paper in the waste basket?
이 종이 쓰레기통에 넣어줄래?

We can recycle empty bottles and newspapers.
빈 병과 신문지는 재활용할 수 있어.

Let's keep them separate.
분리해서 모아두자.

We need to wipe the floor with a cleaning cloth.
바닥은 걸레로 닦아야지.

We need to clean the window until it shines.
OR **We need to clean the windows until they shine.**
유리창도 반짝반짝 닦아야겠지.

Go play in the living room while I'm cleaning the bedroom.
엄마가 방을 치우는 동안 거실에서 놀고 있어.

 **Would you put ~ in(on) ~?** ~에 ~해줄래?

Would you put this towel **in** the washing machine?   세탁기에 수건을 넣어줄래?
Would you put these apples **in** the basket?   바구니에 사과를 넣어줄래?
Would you put this cup **on** the table?   식탁에 컵을 놓아줄래?
Would you put this book **on** the bookshelf?   책꽂이에 책을 꽂아줄래?

> **옷을 입힐 때**
>
> # How about wearing a sweater?
> 오늘은 스웨터를 입을까?

옷을 입히면서 왼쪽, 오른쪽 방향 개념과 스웨터, 바지, 치마 등 여러 가지 의류 이름을 가르쳐줄 수 있습니다.

Okay, let's get (you) dressed.
OR I'll dress you.
자, 옷 입자.

How about wearing a sweater?
오늘은 스웨터를 입을까?

Where's your head?
재윤이 머리가 어디 있나?

Where's Jae-Yoon's face? Ta-da. Here it is!
재윤이 얼굴 어딨나? 짜잔! 여기 있네.

We need to put your right arm in the sleeve.
오른팔을 소매에 넣어야지.

And now your left arm, too.
이제 왼팔도 넣자.

In it goes. Oh, where is it? Ah, here it is!
들어간다. 어, 어디 갔지? 와, 여기 있다.

We need to button the buttons and zip up the zipper.
단추도 채우고 지퍼도 올리자.

We have to put one leg in each leg of the pants.
다리도 한 짝씩 바지에 넣는 거야.

Stand up and put out your right leg.
일어서서 오른쪽 다리를 내밀어봐.

Right foot first, next the left foot.
오른발 먼저, 그다음 왼발.

Let's put on your socks. Give me your left foot.
양말도 신자. 왼발 주세요.

 **get dressed, put on, wear의 차이**

- **get dressed**   옷을 입다: 옷을 입는 행위 자체가 강조되는 표현
  Do you want to **get dressed**?   옷 입을래?

- **put on+목적어**   ~을/를 입다: 뭔가를 입는 동작
  Do you want to **put** this shirt **on**?   이 셔츠 입을래?

- **wear+목적어**   ~을/를 입고 있다: 뭔가를 입고 있는 상태
  Is today a good day to **wear** shorts?   오늘은 반바지 입기에 좋은 날이야?

> **아이 혼자 옷을 입을 때**
>
> # Do you want to get dressed by yourself?
> 너 혼자 입어볼래?

아이에게 어떤 옷을 입고 싶은지 물어보세요. 자기 의사 표현 능력을 키울 수 있습니다.

Do you want to get dressed by yourself?
OR Do you want to put your clothes on yourself?
너 혼자 입어볼래?

What do you want to wear today? You choose.
오늘은 무슨 옷을 입을까? 네가 한번 골라봐.

How about this yellow shirt?
이 노란 셔츠는 어때?

> No. I don't like it. I want to wear my blue tee shirt.
> 싫어요. 파란 티셔츠 입을래요.

Which hat do you want to wear?
어떤 모자를 쓸 거니?

> My red baseball cap.
> 빨간 야구모자요.

It looks good on you. You look nice.
아주 잘 어울리는구나. 멋있어.

Can you button your buttons? Try it.
단추도 네가 잠글 수 있겠어? 한번 해봐.

You did a good job.
아주 잘했어.

You're all grown up. You can get dressed by yourself.
OR You can put on your own clothes.
이제 다 컸구나. 혼자서 옷을 입을 수 있다니!

 **What do you want to ~ today?** 오늘은 뭘 ~하고 싶어?

What do you want to **read** today? 오늘은 무슨 책을 읽을까?
What do you want to **play with** today? 오늘은 뭘 가지고 놀래?
What do you want to **talk about** today? 오늘은 무슨 이야기를 하고 싶어?
What do you want to **choose** today? 오늘은 뭘 고를래?

> **양말과 신발을 신을 때**
>
> # Your socks don't match.
> 양말을 짝짝이로 신었구나.

4~5세는 자립심이 부쩍 자라는 시기라서 부모의 도움 없이 혼자서 하겠다고 고집을 피우곤 하지요. 신체 부위와 짝이 맞는 옷을 찾기 쉽도록 신나는 챈트 리듬에 맞춰 옷을 입어보게 합시다.

How about putting on your socks by yourself?
너 혼자서 양말을 신어볼래?

Your socks don't match.
양말을 짝짝이로 신었구나.

Which shoes do you want to wear?
신발은 어떤 걸 신을래?

Your sports shoes or your black leather shoes?
운동화 아니면 까만 구두?

 I want to wear my sports shoes.
운동화 신을래요.

You've got your shoes on the wrong feet.
저런, 짝짝이로 신었구나.

This one is for the right foot.
이게 오른쪽이야.

 sandles 샌들

dress shoes/leather shoes 구두/가죽구두

sports shoes/sneakers 운동화/스니커즈

Let's Chant!

Where's your foot? 네 발이 어디 있지?
Here it is. 여기 있어요.
Put on your sock. 양말을 신으렴.
Where's your leg? 네 다리가 어디 있지?
Here it is. 여기 있어요.
Put on your pants. 바지를 입으렴.
Where's your arm? 네 팔이 어디 있지?
Here it is. 여기 있어요.
Put on your shirt. 셔츠를 입으렴.
Where's your head? 네 머리는 어디 있지?
Here it is. 여기 있어요.
Put on your hat. 모자를 쓰렴.
Where's your hand? 네 손은 어디 있지?
Here it is. 여기 있어요.
Put on your glove. 장갑을 끼렴.

> **빨래할 때**
>
> # Let's do the laundry.
> 빨래하자.

빨래나 수건 개기 같은 집안일도 아이에겐 재미있는 놀이가 될 수 있습니다. 집안일을 돕게 하면서 관련 표현을 가르쳐주세요.

Your shirt is dirty. Let's wash it.
셔츠가 더럽구나. 빨자.

Let's do the laundry.
OR Let's wash the clothes.
빨래하자.

Let's separate the light colors and the dark colors.
밝은색이랑 어두운색을 따로 두자.

Is this light or dark?
OR Are these light or dark?
이건 밝은색이니, 아니면 어두운색이니?

Let's put it in the washing machine.
빨래를 세탁기에 넣자.

Do you want to measure the laundry detergent?
세제량을 재볼래?

Okay, let's start the washing machine.
좋아, 세탁기를 돌리자.

Let's wait until it's done.
끝날 때까지 기다리자.

Okay, let's shake it out and hang it up.
됐어, 이제 탁탁 털어 널자.

You can do the socks.
넌 양말을 널어.

The laundry's dry. Let's take it down.
빨래가 다 말랐다. 이제 걷자.

Let's fold the laundry.
빨래를 개자.

I'll iron Daddy's shirt. Be careful. The iron is hot.
엄만 아빠 셔츠를 다릴게. 조심해. 다리미가 뜨거워요.

Okay, let's put it all away.
좋아, 이제 모두 제자리에 갖다두자.

Can you put your socks in your drawer?
네 양말을 서랍장에 넣을래?

 **Can you put ~ in ~ ?**   ~을/를 ~에 넣을래?

Can you put your LEGOs **in** your storage box?   네 레고를 보관함에 넣을래?
Can you put your pencils **in** your pencil case?   네 연필을 필통에 넣을래?
Can you put your balls **in** the basket?   네 공을 바구니에 넣을래?
Can you put your spoon **in** the sink?   네 숟가락을 싱크대에 넣을래?

81

유치원에 아이를 보낼 때

You'll be late for kindergarten.
유치원에 늦겠다.

정신없이 바쁜 아침 시간, 아이에게 서두르라고 다그치는 대신 애정이 담긴 말로 하루를 시작해 보는 건 어떨까요? 등원 준비를 하면서 시간개념도 가르쳐줄 수 있습니다.

Get up, Honey. It's morning.
OR Wake up, Honey. The sun is shining.
일어나요. 아침이 밝았어요.

 What time is it now?
지금 몇 시예요?

It's already 8:15 (eight fifteen).
벌써 8시 15분이야.

Hurry. Eat and get ready. You'll be late for kindergarten.
빨리 밥 먹고 준비해야지. 유치원에 늦겠다.

Daddy is going to work, so kiss him goodbye.
아빠 출근하시니까 뽀뽀해드려.

 (Kiss) Goodbye, Daddy.
(쪽) 다녀오세요, 아빠.

Today at kindergarten you have art.
오늘은 유치원에서 미술수업이 있는 날이야.

Do you have everything you need?
OR Have you got everything?
준비물은 다 챙겼니?

Hurry and get dressed. You put on your socks, didn't you?
어서 옷 입자. 양말 신었지?

I'll comb your hair for you. Come here.
머리는 엄마가 빗겨줄게, 이리 와.

Ok, you're all ready. Now, put on your backpack and your hat, too.
이제 다 됐다. 자, 가방 메고 모자도 써야지.

Let's hurry. You'll miss the (kindergarten) bus.
서두르자. (유치원) 버스 놓치겠다.

Be good. Listen to your teacher. And don't fight with your friends.
말썽 부리지 마. 선생님 말씀 잘 듣고, 친구랑 싸우지 마.

Have a good day. Be careful when you cross the street.
재미있게 지내고, 길 건널 때 조심하렴.

 Okay, see you later, Mommy.
네, 유치원 다녀오겠습니다.

 **Be careful when you~**   ~을/를 할 때는 조심해야 돼.

Be careful when you use a knife.   칼을 사용할 때는 조심해야 돼.
Be careful when you are in the parking lot.   주차장에 있을 때는 조심해야 돼.
Be careful when you ride a tricycle.   세발자전거를 탈 때는 조심해야 돼.
Be careful when you eat hot food.   뜨거운 음식을 먹을 때는 조심해야 돼.
Be careful when you pour some water.   물을 따를 때는 조심해야 돼.

> 유치원에서 아이가 돌아왔을 때
>
> # Did you have fun today?
> 오늘 즐겁게 지냈어?

유치원에서 돌아온 아이를 반갑게 맞아주면서 어떤 일이 있었는지 물어보세요. 이때 최대한 구체적으로 질문하는 것이 좋습니다.

 Mom, I'm home.
엄마, 다녀왔습니다.

Hello, Sweetie. How was your day?
어서 와. 잘 다녀왔니?

I made a good snack for you.
엄마가 널 위해 맛있는 간식을 준비했어.

Wash your hands. Let's have some pizza.
어서 손 씻고 엄마랑 맛있는 피자 먹자.

Did you have fun today?
오늘 즐겁게 지냈어?

 Yes. It was fun.
   OR Yes. It was exciting. / No. It wasn't fun. / No. It wasn't interesting.
   네. 재미있었어요. / 네. 신났어요. / 아뇨. 재미없었어요.

Oh, you hurt yourself. How did you hurt yourself?
이런, 여기 다쳤구나. 어디서 다쳤니?

Did you fight with your friends?
친구랑 싸웠어?

 I fell down at kindergarten while sliding down the slide.
   유치원에서 미끄럼틀 타다 넘어졌어요.

What did you do today?
오늘은 뭐하고 놀았니?

 We learned the song *The Three Bears*, and did finger painting.
'곰 세 마리' 노래랑 손가락 그림 그리기를 배웠어요.

You learned that song today? That's really interesting.
그 노래 오늘 배운 거니? 정말 멋지다.

Why don't you sing that song for Daddy when he comes?
이따가 아빠 오시면 다시 불러드리는 게 어때?

You sang it very well.
정말 잘 불렀어.

 등하원하는 아이와 나누는 인사말

Have a nice day. (아이를 보내면서) 안녕.
Did you have fun? 재미있었어?
How was your day today? (아이를 맞으며) 오늘 어땠니?
I'm home. (맞아주는 사람이 보이지 않을 때) 다녀왔습니다.

> **전화 통화할 때**
>
> # How about calling Daddy?
> 아빠한테 전화해볼까?

아이들에게 인기 만점인 전화놀이! 실제 전화기나 장난감 전화기를 이용해서 영어로는 어떻게 통화하는지 가르쳐주세요.

Ring, ring, ring. The phone's ringing.
띠리링. 전화벨이 울리네.

Someone must be calling⋯. The phone's ringing. Would you get it?
전화가 왔나 보다. 전화벨이 울리네. 전화 좀 받아줄래?

Say, "Hello."
"여보세요" 해봐.

How about calling Daddy?
아빠한테 전화해볼까?

It's busy. Let's try again later.
통화중이네. 나중에 다시 걸자.

Say, "Daddy, come home early."
"아빠, 일찍 들어오세요." 해봐.

 Daddy, come home early.
아빠, 일찍 들어오세요.

Should we dial the number?
전화번호를 눌러볼까?

Let's press 719-2380. 7.1.9. 2.3.8.0
719-2380을 누르자. 7.1.9. 2.3.8.0

Hello? Is this Jae-Yoon's house?
여보세요. 거기 재윤이네 집이죠?

Yes it is. Who's calling, please?
네, 누구세요?

May I speak to Jae-Yoon, please?
재윤이 좀 바꿔주세요.

Just a moment, please. I'll call Jae-Yoon.
잠깐만 기다리세요. 재윤이 바꿔줄게요.

Hello, this is Jae-Yoon speaking.
여보세요, 제가 재윤인데요?

Okay, let's hang up now. Say, "Goodbye."
그래. 이제 그만 끊자. "안녕" 하고.

 **Someone must be ~ing** 누군가가 ~하나 보다.

Someone must be sing**ing**.   누군가가 노래하나 보다.
Someone must be cry**ing**.   누군가가 울고 있나 보다.
Someone must be sleep**ing**. 누군가가 자고 있나 보다.
Someone must be runn**ing**.   누군가가 뛰고 있나 보다

자기소개

Practice introducing yourself.
자기소개를 연습해보자.

아이와 함께 처음 만난 사람이나 친구들에게 자신을 알릴 수 있는 간단한 소개말을 연습해보세요. 영어 자신감을 키워주는 데 아주 좋습니다.

Practice introducing yourself.
자기소개를 연습해보자.

What's your name?
이름이 뭐지?

 My name is Jae-Yoon Kim.
저는 김재윤입니다.

How old are you?
몇 살이야?

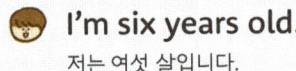 I'm six years old.
저는 여섯 살입니다.

How many friends do you have?
친구가 몇 명이니?

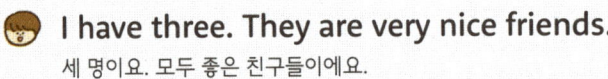 I have three. They are very nice friends.
세 명이요. 모두 좋은 친구들이에요.

Do you have any brothers or sisters?
동생이나 형이 있어?

🧒 I have a little sister. She's four years old.
여동생이 있어요. 그 애는 네 살이에요.

What do you like to do?
좋아하는 게 뭐야?

🧒 I like to play board games.
보드게임 하는 걸 좋아해요.

Very good!
OR Way to go! / That's my boy!
정말 잘했어!

How many ~ do you have? 넌 ~이/가 몇이야?

How many brothers or sisters do you have? 형제자매가 몇 명이야?
How many cousins do you have? 사촌이 몇 명이야?
How many fingers do you have? 손가락이 몇 개야?
How many dolls do you have? 인형을 몇 개 갖고 있어?

장래희망 말해보기

What do you want to be?
년 뭐가 되고 싶니?

어른이 돼서 어떤 일을 하고 싶은지, 어떤 직업을 갖고 싶은지 간단한 대화를 나누면서 직업과 관련한 어휘와 표현을 가르쳐주세요.

What do you want to be when you grow up?
너는 커서 뭐가 되고 싶니?

When I was young, I wanted to be a cartoonist.
엄마는 어릴 때 만화가가 되고 싶었어.

 I want to be a magician.
전 마술사요.

Oh, a magician? That's interesting.
우와, 마술사? 정말 멋지다.

Why do you want to become a magician?
왜 마술사가 되고 싶어?

 I'm going to show people some fantastic magic.
사람들 앞에서 멋진 마술을 보여줄 거예요.

> **가족소개**
>
> # Mommy's Mother is your maternal grandmother.
> 외할머니는 엄마의 엄마야.

가족사진을 보면서 가족 구성원과 가족 관계, 친척들을 영어로 어떻게 부르는지 가르쳐줄 수 있습니다. 아이와 함께 가계도(Family Tree)를 만들어보는 것도 좋아요.

How about looking at our family album?
우리 가족앨범 볼까?

Who's this? It's your uncle.
이 사람은 누구지? 큰아버지셔.

This is Daddy's older brother. He's your uncle.
아빠한테는 형님이시고, 네겐 큰아버지야.

This is Mommy's older sister. She's your aunt.
엄마한테는 언니이고, 네겐 이모야.

This is your grandmother. Your grandfather is next to her.
이분은 할머니야. 옆에 할아버지가 계시지?

Mommy's mother is your maternal grandmother.
OR Mommy's father is your maternal grandfather.
외할머니는 엄마의 엄마야. / 외할아버지는 엄마의 아빠야.

When was this picture taken?
이건 언제 찍은 사진일까?

This picture was taken at the zoo with Daddy.
아빠랑 동물원에 갔을 때 찍은 사진이야.

Who is the tallest person in this picture?
이 사진에서 가장 키가 큰 사람이 누굴까?

Who is the oldest person in this picture?
사진 속에 있는 사람 중에서 가장 나이가 많은 사람은 누굴까?

Who is this baby?
OR Guess who this baby is.
이 아가는 누굴까?

It's you. It was taken while you were taking a bath.
바로 너야. 네가 목욕할 때 찍은 사진이야.

This was taken on your first birthday.
이건 첫돌 때 찍은 사진이야.

Fun Facts: **family tree** 가계도

영어는 우리말처럼 가족 호칭이 세분화되어 있지 않아요. 큰아버지, 작은아버지, 삼촌, 고모부, 이모부, 외삼촌을 모두 'uncle'로 불러요. 마찬가지로 이모, 고모, 숙모, 큰어머니, 작은어머니는 모두 'aunt'라고 하지요. 언니, 오빠, 누나도 호칭을 따로 구분해서 부르지 않아요. 호칭 대신 서로의 이름을 부른답니다.

> **TV나 동영상을 볼 때**
>
> ## Don't sit too close to the TV.
> TV에 너무 가까이 앉지 마.

듣기 환경 조성을 위해 아이에게 영상물을 보여줄 땐 올바른 방법으로 미디어를 시청하는 것이 중요합니다. 엄마랑 같이 보기, 시청 시간 지키기 등 몇 가지 규칙을 정해보세요.

Oh, it's time for Sesame Street.
와, 세서미 스트리트 할 시간이다.

(You) turn on the TV.
네가 TV를 켜.

Okay, it's over.
이제 다 끝났다.

Let's not watch any more today. Let's watch it again tomorrow.
오늘은 그만 보고, 내일 또 보자.

Which program do you want to see? Do you want to choose one?
무슨 프로그램을 보고 싶니? 하나 골라봐.

You want to see Sesame Sreeet? I see.
세서미 스트리트 보자고? 알았어.

Should I watch it with you? It looks really interesting.
엄마도 같이 볼까? 정말 재미있어 보여.

What are they doing? They're drawing pictures.
쟤들이 뭘 하고 있니? 그림을 그리고 있네.

Oh, it's a song you like. Do you want to sing it with Mommy?
와, 네가 좋아하는 노래네. 엄마랑 같이 부를까?

I'll play the next episode for you.
다음 에피소드를 틀어줄게.

Don't sit too close to the TV.
TV에 너무 가까이 앉지 마.

Move back.
뒤로 물러앉아.

You shouldn't watch too much television.
텔레비전을 너무 많이 보면 안 돼.

You promised Mommy you'd watch only thirty minutes.
엄마랑 30분만 보기로 약속했지?

Okay, let's turn it off and play with your trains.
자, 이제 그만 보고 엄마랑 기차놀이 하자.

 **You promised Mommy you'd~**   ~하기로 엄마랑 약속했잖아.

You promised Mommy you'd eat broccoli.   브로콜리 먹기로 엄마랑 약속했잖아.
You promised Mommy you'd go to sleep at ten.   10시에 자러 가기로 엄마랑 약속했잖아.
You promised Mommy you'd stay quiet.   조용히 있기로 엄마랑 약속했잖아.
You promised Mommy you'd get up at seven.   7시에 일어나기로 엄마랑 약속했잖아.

> **잠자리에 들 때**
>
> # It's time to go to bed.
> 잠자리에 들 시간이야.

잠자리 동화(bedtime story)는 아이의 언어발달과 심리 안정에 좋은 영향을 줍니다. 잠들기 전 하루 15분만 투자해보세요.

Look out the window. It's dark out, isn't it?
창밖을 봐, 컴컴해졌지?

The sun has gone to bed, too.
해님도 잠자러 갔대.

It's time for everyone to go to sleep.
잠자리에 들 시간이야.

It's time to go to bed.
이제 잠잘 시간이다.

Brush your teeth and wash your face.
이 닦고 세수해야지.

Put on your pajamas, and get in bed.
잠옷으로 갈아입고 자리에 누우렴.

You have to go to bed early even if you're not tired.
안 졸려도 일찍 자야 돼.

Go to bed early, so you can get up early tomorrow.
일찍 자야, 내일 일찍 일어나지.

Close your eyes. I'll tell you an interesting story.
눈 감아봐. 엄마가 재미있는 이야기를 들려줄게.

Lie down. I'll read you a book.
자리에 누워. 엄마가 책 읽어줄 테니까.

There. That's the end of the story.
자. 이야기 끝.

I'll turn off the light.
이제 엄마가 불 끌 거야.

Sleep well, Sweetheart. Sweet dreams.
OR Sleep tight. Don't let the bedbugs bite.
잘 자라, 아가야. 좋은 꿈 꾸고.

I'll give you a goodnight kiss. (kiss)
잠 잘 자게 엄마가 뽀뽀해줄게. (쪽)

Don't kick off your covers. Stay under the covers.
이불 차내지 말고, 잘 덮고 자.

 이불 종류

Take out all your **quilts**.   네 (퀼트)이불 다 꺼내 봐.
I like your **duvet**.   네 (누비)이불 마음에 들어.
Do you need your **comforters** in summer?   (차렵)이불이 여름에도 필요하니?
Can you wash your **blanket**?   네 담요를 빨 수 있겠니?

인사하기

Say "Hi," to your friend.
친구한테 "안녕" 하고 인사해야지.

Hello, Hi 말고도 다양한 영어 인사말이 있어요. 대상과 상황에 따라 어떤 인사말을 써야 하는지 알려주세요.

Go play with your friend.
가서 친구랑 놀아.

Say "Hi," to your friend.
친구한테 "안녕" 하고 인사해야지.

- **Hi, Min-Su.**
  민수야, 안녕.

- **It's good to see you.**
  만나서 반가워.

- **How have you been?**
  잘 지냈니?

- **I've been fine.**
  난 잘 지냈어.

- **Bye. See you tomorrow.**
  잘 가. 내일 또 봐.

Greet your grandfather.
OR **Greet the gentleman.** (이웃집 할아버지일 경우)

할아버지께 인사해야지.

아이와 외출하기

Go press the elevator button.
가서 엘리베이터 버튼을 눌러야지.

아이와 함께 외출할 때 엘리베이터를 타고 버튼을 누르게 하거나 계단을 오르내리면서 영어로는 숫자를 어떻게 읽는지 알려주세요.

Do you want to go to the market with Mommy?
엄마랑 같이 시장에 갈래?

Then put on your clothes, and let's go.
그럼 옷 입고 나가자.

Would you close the door?
문 좀 닫아줄래?

Go press the elevator button.
가서 엘리베이터 버튼을 눌러야지.

For (the) first floor, press (the) one.
1층으로 가려면 숫자 1을 눌러야 해.

Shhh. You should be quiet in the elevator.
쉿! 엘리베이터 안에서는 조용히 하는 거야.

Do you want to go up the stairs?
계단을 올라가 볼래?

Should we count the steps? One step, two steps, three steps….
계단을 세어볼까? 하나, 둘, 셋….

거리에서

We have to be careful of cars.
차 조심해야지.

길거리를 걷거나 도로를 건널 때 조심해야 할 것들을 영어로는 어떻게 말하는지 알아봅시다.

Let's go to the post office.
엄마랑 우체국에 가자.

Take your time. If you run, you might fall down.
천천히 가. 뛰어다니다 넘어질라.

Take my hand. We have to be careful of cars.
엄마 손 잡자. 차 조심해야지.

That's a traffic light. The light is red, so we have to stop.
저건 신호등이야. 빨간불이니까 멈춰야 해.

We can cross when the light turns green.
초록불로 바뀌면 건너는 거야.

Let's cross now.
이제 건너자.

Watch your step.
발 조심하면서 걸어.

Okay, we're here. Let's go into the post office.
자, 다 왔다. 우체국에 들어가자.

> **거리풍경**
>
> # There's a fire engine passing by.
> 저기 소방차가 지나가네.

일상 속 거리 풍경을 무심히 지나치지 말고, 하나하나 짚어서 아이와 이야기를 나눠보는 건 어떨까요? 아이와 함께 하는 외출이 더 즐거워진답니다.

Look, Jae-Yoon. There's a fruit store over there.
재윤아! 저기, 과일가게가 보이네.

There's a fire engine passing by.
저기 소방차가 지나가네.

What sound does a fire truck make? (Nee nah, nee nah)
소방차는 무슨 소리를 내지? (삐뽀 삐뽀)

If you go down this street, you come to a playground.
이 길로 가면 놀이터가 나와.

This is your friend, Min-Su's house.
여기는 네 친구 민수네 집이야.

Oh, here comes Min-Su. Say, "Hello."
　　　　　　　　　　　　OR You should greet him.
저기 민수가 오네. 인사해야지.

 **Hi, Min-Su.**
안녕, 민수야.

> **산책하기**
>
> # Shall we go around the neighborhood?
> 엄마랑 동네 한 바퀴 돌아볼까?

아이와 함께 산책하면서 주변 풍경이나 날씨를 주제로 간단한 대화를 나눠보세요.

Let's go for a walk.
산책하러 가자.

Do you want to ride in the stroller or walk?
유모차에 탈래, 걸어갈래?

Shall we go around the neighborhood?
엄마랑 동네 한 바퀴 돌아볼까?

It's nice today. The sky is blue, isn't it?
오늘은 날씨가 좋구나. 하늘이 파랗지?

It's raining. Let's take our umbrellas.
OR Let's open our umbrellas.
비가 오는구나. 우산을 가져가자. / 우산을 쓰자.

It's cold. Let's wear our coats.
날씨가 춥구나. 외투를 입자.

Look at the white clouds. The sun is really bright.
하얀 구름 좀 봐. 해가 정말 눈 부셔.

This tree is bigger than that tree.
이 나무는 저 나무보다 더 크네.

This flower is a rose. That flower is a dandelion.
이 꽃은 장미야. 저 꽃은 민들레고.

There's a red rose in full bloom over there.
저기 빨간 장미가 활짝 피었네.

You can see that mountain over there, can't you?
저기 산이 보이지?

Let's go to that mountain sometime.
나중에 저 산에 같이 가보자.

Should we go back home?
이제 집으로 돌아갈까?

Don't you feel good after our walk?
산책하니까 기분이 좋지?

 다양한 날씨

It's cloudy today.   오늘은 흐리구나.
It's warm today.   오늘은 따뜻하구나.
It's humid today.   오늘은 눅눅하구나.
It's rainy today.   오늘은 비가 오는구나.
It's snowy today.   오늘은 눈이 오는구나.
It's windy today.   오늘은 바람이 부는구나.
It's muggy today.   오늘은 후텁지근하구나.

> **자연의 아름다움을 느끼게 하기**
>
> # Look at the cherry blossoms on the branches.
> 나뭇가지 위에 핀 벚꽃 좀 봐.

산책이나 소풍을 가서 계절의 변화를 느끼고 자연 풍경을 감상하는 시간을 가져보세요. 자연의 아름다움을 느끼고, 영어로 표현해볼 수 있습니다.

It's a nice spring day.
정말 좋은 봄날이다.

Jae-Yoon, look at this.
재윤아, 이것 좀 봐.

The buds are budding green.
새순이 파릇파릇 돋아나.

Look at the cherry blossoms on the branches.
나뭇가지 위에 핀 벚꽃 좀 봐.

Little shoots are peeking out of the earth.
자그만 새싹이 땅위로 살짝 고개를 내미네.

The birds are chirping, chirp, chirp, chirp.
새는 짹짹 지저귀네.

The leaves are fluttering in the wind.
나뭇잎이 바람에 살랑살랑 나부끼네.

A cool breeze is blowing.
시원한 바람이 산들산들 부네.

Oh, Jae-Yoon, look at the sky.
와! 재윤아, 하늘 좀 봐.

It's bright red. That's called the sunset. Isn't it beautiful?
하늘이 빨갛지. 저건 노을이야. 정말 아름답지?

Let's Chant!

It's summer. 여름이다.
The sun is shining. 태양은 빛나고
The breeze is blowing. 산들바람이 불고
The leaves are fluttering. 나뭇잎이 살랑거리고
The birds are singing. 새들이 지저귀네.
It's hot. 더워.
Whew, whew. 휴휴.

It's winter. 겨울이다.
The snow is falling. 눈이 내리고
The wind is blowing. 바람이 불고
The leaves have fallen. 나뭇잎은 지고
The birds went south. 새들은 남쪽으로 날아갔어.
It's cold. 추워.
Brrrr, brrr. 덜덜덜.

> **백화점에서**
>
> # I'll buy that another time.
> 그건 다음에 사줄게.

다양한 사람과 물건을 구경할 수 있는 백화점은 아이가 수많은 어휘를 습득할 수 있는 최적의 장소 중 한 곳입니다.

This is called a department store.
여기는 백화점이란다.

What did we come to buy?
우리가 뭘 사러 왔지?

We came to buy shoes for you.
네 신발을 사러 왔어.

There are too many people.
OR It's too crowded.
사람이 너무 많구나.

Be careful not to lose Mommy.
엄마를 놓치지 않게 조심해.

Hold my hand tight. Stay close to Mommy.
엄마 손을 꼭 잡아. 엄마 곁에 붙어 있어.

I don't want to lose you.
엄만 널 잃어버리고 싶지 않아.

There are lots of things here, aren't there?
물건이 아주 많지?

Don't insist on buying just anything!
아무거나 사달라고 떼쓰지 마.

You shouldn't ask me to buy everything you see.
OR Don't
보는 것마다 사달라고 하는 거 아냐.

You can't have everything you want.
갖고 싶다고 다 가질 수 있는 건 아니란다.

We have one of these at home, don't we?
이건 우리 집에 있잖아.

Do you want that?
저걸 가지고 싶니?

I'll buy that another time. I promise.
그건 다음에 사줄게. 약속해.

Be careful not to ~   ~하지 않도록 조심해.

Be careful not to lose your backpack.   가방 잃어버리지 않게 조심해.
Be careful not to slip on the icy road.   빙판길 위에서 미끄러지지 않게 조심해.
Be careful not to make a mistake.   실수하지 않도록 조심해.
Be careful not to disturb the lion.   사자를 건드리지 않도록 조심해.
Be careful not to break the vase.   꽃병을 깨뜨리지 않도록 조심해.

> **마트나 시장에서**
>
> # Get the receipt, and give it to Mommy.
> 영수증을 받아서 엄마한테 줘.

아이와 함께 장을 보러 가서 눈에 보이는 물건을 가리키며 이름을 알려주세요. 실물과 단어가 바로 연결되기 때문에 쉽고 재미있게 단어를 학습할 수 있습니다.

Let's go to the market.
OR Come to the market with me.
엄마랑 시장에 가자.

We need some bean curd, and some squash.
두부랑 호박을 사야 해.

Squash is a vegetable, so how about going to the vegetable section first?
호박은 채소니까 채소 코너로 먼저 갈까?

This is a squash, and that is an onion.
OR These are squashes, and those are onions.
이건 호박이고 그건 양파야.

Then what's this?
OR Then what are these?
그럼 이건 뭘까?

 A mushroom.
OR Mushrooms.
버섯이요.

Yes, it's a mushroom.
OR Yes, they are mushrooms.
그래, 버섯이야.

Are oranges fruits or vegetables?
오렌지는 과일일까? 채소일까?

 They're fruits.
과일이에요.

That's right. They're fruits. So let's go to the fruit section.
맞았어, 과일이야, 그럼 과일 코너로 가자.

We'll have to get a carton of milk for Jae-Yoon.
재윤이가 마실 우유도 한 팩 사야겠네.

Do you want those chips? Okay, put them in the basket.
그 과자가 먹고 싶어? 그럼 바구니에 넣어.

Do you want to hand the credit card to the cashier?
계산하시는 분께 카드를 건네줄래?

Get the receipt, and give it to Mommy.
영수증을 받아서 엄마한테 줘.

Now let's put everything in our shopping bag.
이제 장바구니에 넣자.

We're all done. Let's go home.
다 됐다. 집에 가자.

> **버스를 탈 때**
>
> # Let's get on carefully.
> 조심해서 타.

대중교통을 이용할 때 지켜야 할 에티켓을 알아두었다가 아이에게 말해주세요. 교통수단에 따라 달라지는 표현도 배워봅시다.

Here comes the bus! Step back.
저기 버스가 온다! 뒤로 물러서.

The bus is here. Let's get on carefully.
버스가 왔네. 자, 조심해서 타.

There's an empty seat. Let's go and sit down.
저기 자리가 있네. 가서 앉자.

There aren't any seats.
자리가 없구나.

You'll have to stand up and hold on tight.
꼭 잡고 서 있어야 해.

You have to be quiet. You can't be noisy in the bus.
조용히 있어야지. 버스에서 큰 소리로 떠들면 안 돼.

The driver is driving, isn't he?
운전기사 아저씨가 운전을 하고 계시지?

Let's not bother the driver.
OR Don't distract the driver.
운전하시는 데 방해 안 되도록 하자.

We're in a traffic jam. It's boring, isn't it?
　　　　　　　　　　　　　OR You're bored, aren't you?
차가 막히는구나. 지루하지?

Let's wait awhile. It'll start moving again.
조금만 기다리자. 다시 움직이기 시작할 거야.

It feels good to zoom along, doesn't it?
씽씽 달리니까 기분 좋지?

Wow! We're here. Let's get out.
와! 다 왔다. 이제 내리자.

 교통수단을 타고 내릴 때의 표현 차이

- **Get in / Get out of**　택시, 승용차 같은 비교적 작은 교통수단
  Get in the car.　차를 타다.
  Get out of the car.　차에서 내리다.
- **Get on / Get off (of)**　버스, 기차, 비행기, 배 같은 비교적 큰 교통수단
  Get on the train.　기차를 타다.
  Get off (of) the train.　기차에서 내리다.

> **차를 타고 이동할 때**
>
> # Let's fasten your seat belt.
> 안전벨트 매자.

긴 시간 차를 타고 이동할 때 아이가 지루해한다면, 영어 동요나 챈트를 틀어주고 따라 부르게 해보세요.

Let's hurry and get in the car.
어서 차에 타자.

Let's put you in your car seat.
네 카시트에 앉자.

And let's fasten your seat belt.
안전벨트도 매고.

Varoom, off we go to Aunt Su-mi's house.
부릉, 수미 이모네 집으로 간다.

Should I play you some music?
노래 틀어줄까?

What do you want to listen to?
어떤 노래를 듣고 싶어?

Listen, the horn goes " beep, beep, honk, honk."
들어봐, 클랙슨은 뛰뛰빵빵.

And the engine goes "vroom, vroom, vroom."
엔진은 부릉부릉 소리를 내지.

The wipers go "swish, swish, swish."
와이퍼는 쉭쉭 움직이고.

And the tires spin around "whir, whir, whir."
차 바퀴는 돌돌돌 굴러가.

Look at the wipers, 와이퍼를 보세요.
Swish, swish, swish. 쉭쉭쉭.
Look at the wheels, 바퀴를 보세요.
Whir, whir, whir. 윙윙윙.
Look at the doors, 문을 보세요.
Open and shut. 열렸다, 닫혔다.
Look at the horn, 클랙슨을 보세요.
Beep, beep, honk. 뛰뛰빵빵.

> **외식할 때**
>
> # Take your time eating.
> 천천히 먹어.

아이에게 식당에서 주문하는 법과 기본적인 식사예절(Table Manner)을 가르쳐주세요.

Jae-Yoon, you can sit in a booster seat.
재윤이는 어린이용 의자에 앉아.

What do you want to eat?
뭐 먹을래?

 A children's pork cutlette and Sprite.
어린이 돈가스랑 사이다요.

Wait quietly until the food comes.
음식 나올 때까지 얌전히 기다리렴.

Oh, here's the food. Let's enjoy it.
오, 음식이 나왔네. 맛있게 먹자.

Don't make noise when you eat your soup.
수프를 먹을 땐 소리 내면 안 돼.

Don't talk with your mouth full.
입안에 음식이 있을 땐 말하지 마.

You dropped your fork. Let's ask for another one.
포크를 떨어뜨렸구나. 새로 갖다 달라고 부탁하자.

Take your time eating.
천천히 먹어.

Oh, you ate everything (on your plate). Did you enjoy it?
와, 다 먹었네. 맛있게 먹었어?

Use your napkin. Don't wipe your mouth on your sleeve.
냅킨으로 닦아야지. 옷소매로 입 닦는 거 아냐.

Let's have ice cream for dessert.
우리 후식으로는 아이스크림 먹자.

All right. Now let's pay the bill and go home.
그래, 이제 계산하고 집에 가자.

식사예절(Table Manner)

Sit up straight. 똑바로 앉아.
Don't talk with your mouth full. 입안에 음식이 있을 땐 말하지 마.
Close your mouth when you chew. 씹을 땐 입을 꼭 다물어.
Don't put your elbows on the table. 식탁에 팔꿈치 올리지 마.
Don't put too much in your mouth at one time. 한꺼번에 너무 많이 입에 넣지 마.
Chew your food well. 꼭꼭 씹어 먹어.
Don't blow in your milk with the straw. 빨대로 우유 불지 마.
Don't make noise when you eat. 먹을 때는 소리 내지 마.
Don't reach for things. Ask me to pass them. 손을 뻗어 집지 말고 건네 달라고 해.

까꿍놀이

Where did Mommy go? Peekaboo.
엄마가 어디 갔을까? 까꿍!

눈앞에 엄마 아빠의 얼굴이 사라졌다 나타났다를 반복하는 까꿍놀이는 아이의 집중력과 관찰력을 높여줄 뿐만 아니라 부모와의 안정적인 애착 관계 형성에도 도움을 줍니다.

Okay, sit down here.
자, 여기 앉아봐.

What's this? It's a handkerchief, isn't it?
이게 뭘까? 손수건이지?

Oh, where did Mommy go? Peekaboo. (Stick out your tongue.)
어, 엄마 어디 갔을까? 까꿍! (메롱)

Oh, you can't see Mommy. Peekaboo. (Tisk, tisk, tisk)
어, 엄마 안 보이네. 까꿍! (쯧쯧쯧)

Oh, Mommy disappeared again. Peekaboo. (Giggle, giggle, giggle)
어, 엄마가 또 사라졌네. 까꿍! (키득키득)

Oh, where's Mommy? Peekaboo. Here I am. (Blow at the baby.)
엄마, 어디 계세요? 까꿍! 여기 있네. (후우 하고 불어주기)

> **신체놀이**
>
> # Tickle, tickle under the arm.
> 겨드랑이를 간질간질.

아이를 침대에 눕혀놓고 아이의 몸을 만져주거나 간질이면서 신체 부위의 명칭을 알려주세요. 특히 신체 부위 중 단수로 불러야 하는 것과 복수로 불러야 하는 것을 구분하기란 쉽지 않지요. 신나는 챈트와 함께 신체 부위의 명칭과 단수 복수의 개념을 재미있게 가르쳐주세요.

Let's look for our baby's toes.
우리 아기, 발가락 찾으러 가자.

Where are they? Well….
어디 있나? 글쎄….

Hey, are you Jae-Yoon's belly button?
야, 네가 재윤이 배꼽이냐?

No, no. I'm Jae-Yoon's forehead. Go down farther.
아냐, 아냐, 난 재윤이 이마야. 더 밑으로 내려가봐.

Let's go down, go down…. down…. Here's a little finger.
밑으로 가자, 밑으로…. 여기 조그만 손가락이 있네.

Are you ticklish? Let's see.
너 간지럼 타니? 어디 보자.

Tickle, tickle under the arm. Tickle, tickle under the chin.
겨드랑이를 간질간질, 턱밑을 간질간질.

Should I blow on the bottom of your foot?
발바닥을 불어볼까?

Let's Chant!

One hand, one hand, 손 하나, 손 하나
Here it is! 여기 있네!
Two hands, two hands, 손 두 개, 손 두 개
Here they are! 여기 있네!
One foot, one foot, 발 하나, 발 하나
Here it is! 여기 있네!
Two feet, two feet, 발 두 개, 발 두 개
Here they are! 여기 있네!
One ear, one ear, 귀 하나, 귀 하나
Here it is! 여기 있네!
Two ears, two ears, 귀 두 개, 귀 두 개
Here they are! 여기 있네!
One nose, one nose, 코 하나, 코 하나
Here it is! 여기 있네!
One nose, one nose, 코 하나, 코 하나
Oh! Only one nose! 어, 코는 하나밖에 없어!

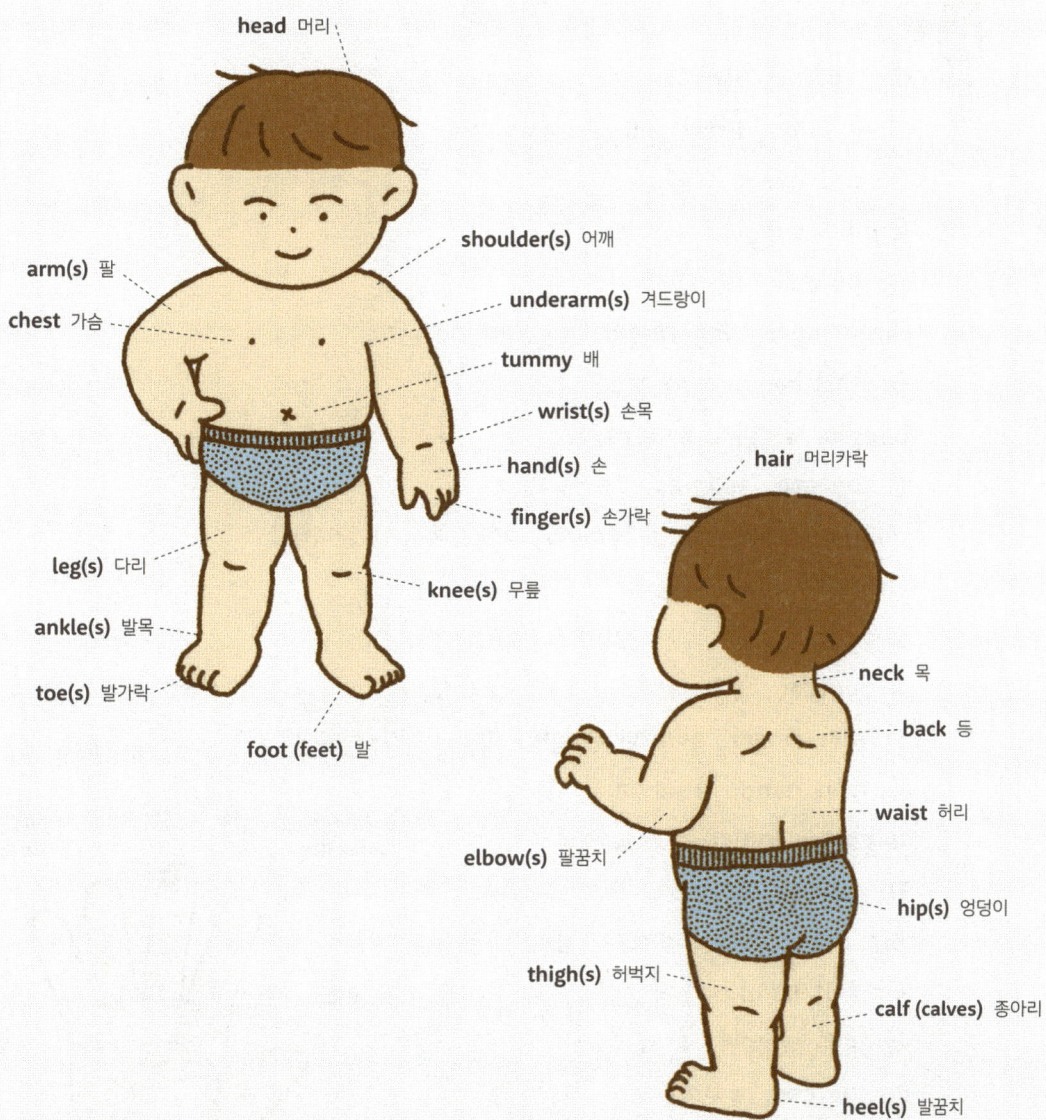

Let's Chant!

Little pinky, little pinky, 작은 새끼손가락, 작은 새끼손가락
On this hand, 이 손에 있지.
Wiggle, wiggle, 꼼지락, 꼼지락
If you can. 할 수 있을까?
Ring finger, ring finger, 넷째 손가락, 넷째 손가락
On this hand, 이 손에 있지
Wiggle, wiggle, 꼼지락, 꼼지락
If you can. 할 수 있을까?
Middle finger, middle finger, 가운뎃손가락, 가운뎃손가락
On this hand, 이 손에 있지
Wiggle, wiggle, 꼼지락, 꼼지락
If you can. 할 수 있을까?
Pointer finger, pointer finger, 집게손가락, 집게손가락
On this hand, 이 손에 있지
Wiggle, wiggle, 꼼지락, 꼼지락
If you can. 할 수 있을까?
Big thumb, big thumb, 큰 엄지손가락, 큰 엄지손가락
On this hand, 이 손에 있지.
Wiggle, wiggle, 꼼지락, 꼼지락
If you can. 할 수 있을까?

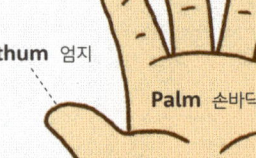

middle finger 중지
ring finger 약지
pointer finger 검지 (index finger)
pinky 소지 (little finger)
thum 엄지
Palm 손바닥

> **그림책을 읽어주면서**
>
> # What's the title of this book?
> 이 책 제목이 뭐지?

책을 읽어줄 때 등장인물의 목소리를 흉내 내서 실감 나게 읽어주면 아이는 이야기에 푹 빠지게 됩니다. 한국어로 된 책도 아이가 이해할 수 있는 선에서 영어를 적절하게 섞어 읽어주세요.

Let's read a book.
엄마랑 같이 책 읽자.

What's the title of this book?
이 책 제목이 뭐지?

It's "Pinocchio."
OR This book is "Pinocchio."
이 책은 "피노키오"야.

Look at this! What's this?
여기 좀 봐! 이게 뭘까?

It's a tiger. Roar.
이건 호랑이네. 어흥.

Which one is the mouse?
어느 게 생쥐지?

Where is the frog?
개구리가 어디 있지?

The turtle is crawling along slowly.
거북이가 엉금엉금 기어가고 있네.

The rabbit is hopping along, hippity hop, hippity hop.
토끼가 깡충깡충 뛰어가네.

The bear is walking along slowly.
곰이 어슬렁어슬렁 걸어가네.

Big white fluffy clouds are floating by in the blue sky.
파란 하늘에 둥실둥실 뭉게구름이 떠가네.

Stars are twinkling brightly in the dark night sky.
까만 밤하늘에 반짝반짝 별이 빛나네

Big raindrops are falling.
커다란 빗방울이 떨어지네.

Why is this child crying?
이 아이는 왜 울고 있을까?

Why was the rabbit afraid?
OR Why was the tiger surprised?
토끼는 왜 무서워했을까? / 호랑이는 왜 놀랐을까?

Why did the rabbit run away?
토끼는 왜 도망갔을까?

What would you have done if you were Komdori?
네가 곰돌이라면 어떻게 했겠니?

Who ate the apple?
누가 사과를 먹어버렸지?

Who spun the magic wand?
누가 요술봉을 휘둘렀지?

Okay, let's go on to the next page.
자, 다음 페이지를 넘겨보자.

All right, we read the whole book. It was interesting, wasn't it?
자, 다 읽었다. 재미있었니?

 이야기 속 자연을 묘사한 표현들

The sun is blazing hot.　태양이 뜨겁게 내리쬐고 있어.
The moon is shining bright.　달빛이 환하게 빛나고 있어.
The scattered stars are sparkling.　흩어진 별들이 반짝이고 있어.
Strong winds are blowing wildly.　강한 바람이 세차게 불어.
Gentle rain is drizzling here and there.　여기저기 보슬비가 내리고 있어.

> **동물놀이**
>
> # Bow, wow. Guess who I am.
> 멍멍, 내가 누구게요?

아이들은 동물에 호기심이 아주 많아요. 동물놀이를 하면서 다양한 동물들의 이름과 습성을 재미있게 배울 수 있습니다.

Monkeys eat bananas.
원숭이는 바나나를 먹어요.

Bears eat honey.
곰은 꿀을 먹고요.

Rabbits eat carrots.
토끼는 당근을 먹어요.

What do you like to eat, Jae-Yoon?
우리 재윤이는 무얼 먹을까요?

 Potatoes.
감자요!

Jae-Yoon took a walk one day, and met a lion on the way.
재윤이가 산책을 갔는데, 가다가 사자를 만났대요.

And what did that lion say?
사자가 뭐라고 그랬게요?

 Roar!
어흥!

Jae-Yoon took another walk one day, and met a duck on the way.
재윤이가 또 산책을 갔는데, 이번엔 오리를 만났대요.

And what did that duck say?
오리가 뭐라고 했을까요?

 **Quack, quack.**
꽥꽥.

Bow, wow. Guess who I am.
멍멍. 내가 누구게요?

 **A dog.**
개예요!

Buzz, buzz. Guess who I am.
윙윙. 내가 누구게요?

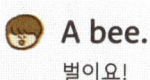 **A bee.**
벌이요!

Let's Chant!

What do lions say? 사자는 뭐라고 하나요?
Roar, roar! 어흥, 어흥!
What do dogs say? 개는 뭐라고 하나요?
Bow, wow! 멍멍, 멍멍!
What do cats say? 고양이는 뭐라고 하나요?
Meow, meow! 야옹, 야옹!
What do cows say? 소는 뭐라고 하나요?
Moo, moo! 음메, 음메!
What do horses say? 말은 뭐라고 하나요?
Neigh, neigh! 히힝, 히힝!
What do roosters say? 수탉은 뭐라고 하나요?
Cock-a-doodle-doo! 꼬끼오 꼬꼬!
What do sheep say? 양은 뭐라고 하나요?
Baa, baa! 매매, 매매!
What do pigs say? 돼지는 뭐라고 하나요?
Oink, oink! 꿀꿀, 꿀꿀!
What do ducks say? 오리는 뭐라고 하나요?
Quack, quack! 꽥꽥, 꽥꽥!
What do babies say? 아가는 뭐라고 하나요?
More, more! 더, 더!

Fun Facts

Animal Family 동물 가족

고양이는 영어로 'cat'이죠? 그럼 새끼 고양이는 영어로 뭐라고 부를까요? 다양한 동물과 새끼 동물의 이름, 그리고 울음소리까지 영어로는 어떻게 표현하는지 배워봅시다.

- lion (roar) / lion cub
- bird (chirp chirp, tweet tweet)
- horse (neigh neigh) / foal
- cat (meow meow) / kitten (mew, mew)
- pig (oink oink) / piglet
- sheep (baa baa) / lamb
- dog (bow wow, bark bark, arf arf, yip yip) / puppy
- mouse (squeak squeak)
- cow (moo moo) / calf
- duck (quack quack) / duckling (peep peep)
- chicken (cluck cluck) / chick (peep peep) / rooster (cock-a-doodle-doo)

> **음악을 들려주면서**
>
> # Should we sing together?
> 엄마랑 같이 불러볼까?

아이와 함께 노래를 따라 부르거나 음악에 맞춰 춤을 추면서 음악을 주제로 대화를 나눠보세요.

Should we listen to some beautiful music?
우리 아름다운 음악 들을까?

What song do you want to listen to?
어떤 노래가 듣고 싶어?

 I want to hear *Twinkle Twinkle, Little Star*.
'반짝반짝 작은별' 들을래요.

Okay, let's listen to that. Wait a second.
그래. 그걸 듣자. 잠깐만 기다려.

Isn't this song nice? I like this song, too.
이 노래 좋지? 엄마도 좋아하는 노래야.

Listen. This is the sound of a piano.
귀 기울여봐. 이건 피아노 소리야.

Is it too low? Should I turn up the volume?
소리가 너무 작니? 볼륨을 높여줄까?

Should we sing together?
엄마랑 같이 불러볼까?

Let's dance to the music.
음악에 맞춰 엄마랑 같이 춤추자.

Swing your hips like this.
엉덩이를 이렇게 흔들어봐.

Clap your hands, and snap your fingers.
손뼉을 치고, 손가락을 튕겨봐.

Flap your arms, and stomp your feet.
두 팔을 퍼덕퍼덕(날갯짓) 하고, 발을 굴러봐.

Let's go around in a circle. Isn't this fun?
빙글빙글 돌아보자. 재미있지?

Are you dizzy? Let's rest awhile.
어지럽니? 좀 쉬자.

 **What ~ do you want to ~?** 어떤 ~을/를 ~하고 싶니?

What clothes **do you want to** wear? 어떤 옷을 입고 싶니?
What book **do you want to** read? 읽고 싶은 책이 뭐야?
What game **do you want to** play? 하고 싶은 게임이 뭐니?
What music **do you want to** dance to? 어떤 음악에 맞춰서 춤추고 싶어?
What picture **do you want to** draw? 어떤 그림을 그리고 싶어?

물건 찾기 놀이 🎵 MP3 4-06

Where is Romy?
로미는 어디 있지?

집 안에 있는 물건을 찾는 놀이를 하면서 장소나 위치를 나타내는 전치사를 자연스럽게 가르쳐줄 수 있어요. 이 때 운율이 있는 라임으로 말을 이어가면 아이들이 더 재미있어 한답니다.

Jae-Yoon, let's go find Romy.
재윤아, 우리 로미 찾으러 가자.

Where is she? Under the table?
어디 있지? 식탁 밑에있나?

Where is she? Behind the couch?
어디 있지? 소파 뒤에있나?

Where is she? On the TV?
어디 있지? TV 위에 있나?

Where is she? Between the books?
어디 있지? 책들 사이에 있나?

Where is she? In the toy box?
어디 있지? 장난감 상자 안에 있나?

Where is she? In the bathtub?
어디 있지? 욕조 안에 있나?

Yes, here she is! Hi, Romy!
그래, 여기 있다. 안녕, 로미!

물건 이름 대기 놀이

What do you see?
무얼 보고 있니?

아이를 안고 빙빙 돌다가 집 안 물건 중 하나를 손가락으로 가리키며 *Brown Bear, Brown Bear, What Do You See?*의 운율에 맞춰서 질문을 던져보세요.

Little Jae-Yoon, little Jae-Yoon, what do you see?
재윤아 무얼 보고 있니?

 I see a yellow couch looking at me.
나를 보고 있는 노란 소파를 보고 있어요.

Little Jae-Yoon, little Jae-Yoon, what do you see?
재윤아 무얼 보고 있니?

 I see a white chair looking at me.
나를 보고 있는 흰색 의자를 보고 있어요.

 **I SPY 놀이**

I spy with my little eye something beginning with S. 내 작은 눈에 S로 시작하는 게 보여요.
Is it on your right?   당신 오른쪽에 있나요?
Yes.   네.
Is it a sofa?   소파입니까?
Yes, you're correct.   맞았습니다.

I spy with my little eye something red.   내 작은 눈에 빨간 게 보여요.
Is it the clock on the wall?   벽에 걸린 시계입니까?
No, it is not.   아닙니다.

부탁놀이

Please give me your toy.
장난감 좀 엄마한테 주세요.

물건을 가져다 달라는 놀이를 하면서 남에게 부탁할 때 필요한 공손한 표현과 감사의 말을 가르쳐줄 수 있습니다. 특히 마술단어(magic words)라고 할 만큼 중요한 'Please'와 'thank you'라는 말을 자연스럽게 덧붙일 수 있게 해주세요.

Would you please bring me Komdori?
곰돌이 좀 갖다주세요.

 Here you are.
OR Here it(he / she) is.
여기 있어요.

Thank you.
고맙습니다.

 You're welcome.
뭘요.

Please give me your toy.
장난감 좀 엄마한테 주세요.

 Here you are.
여기 있어요.

Thank you.
고맙습니다.

 You're welcome.
천만에요.

숫자놀이

Number Ten. Do it again.
10번. 다시 해요.

숫자를 가르칠 때 무작정 외우게 하는 것보다 라임에 맞춰 가르치면 재미있게 배울 수 있어요.

Number One. Touch your tongue. 1번. 혀를 만져보세요.

Number Two. Touch your shoe. 2번. 신발을 만져보세요.

Number Three. Touch your knee. 3번. 무릎을 만져보세요.

Number Four. Touch the floor. 4번. 바닥을 짚어보세요.

Number Five. Learn to jive. 5번. 자이브를 배워요.

Number Six. Pick up sticks. 6번. 막대를 주워요.

Number Seven. Go to heaven. 7번. 천국으로 가요.

Number Eight. Over the gate. 8번. 문을 지나서.

Number Nine. Touch your spine. 9번. 등을 만져보세요.

Number Ten. Do it again. 10번. 다시 해요.

> **그림놀이**
>
> # Let's mix red and blue.
> 빨간색과 파란색을 섞어봐.

그림을 그리면서 사물의 모양이나 색깔에 관한 표현을 자연스럽게 가르쳐줄 수 있습니다.

Do you want to draw some pictures?
OR Should we draw some pictures?
그림 그릴래?

Here's a big piece of paper. Draw whatever you want.
여기 커다란 종이가 있네. 네 마음대로 그려봐.

Let's draw a circle. Should we make a bigger one?
동그라미를 그려보자. 더 크게 그려볼까?

Do it like this, like Mommy. Hold the crayon like this.
엄마처럼 해봐. 크레용은 이렇게 쥐는 거야.

Should we draw an elephant with your crayons?
크레용으로 코끼리를 그려볼래?

Do you want to paint with your watercolors and paintbrush?
물감하고 붓으로 그릴래?

Let's mix red and blue. What happens?
빨간색과 파란색을 섞어봐. 어떻게 될까?

It's purple! Isn't that interesting?
보라색으로 변했네! 재미있지?

What color should we color this apple?
이 사과는 무슨 색으로 칠할 거야?

What did you draw? Would you tell me about it?
뭘 그린 거니? 엄마에게 얘기해줄래?

 This is Daddy. This is an elephant.
이건 아빠고요, 이건 코끼리예요.

That's great. You drew Daddy very well.
　　　　　　 OR You did a good job drawing Daddy.
멋있구나. 아빠를 이렇게 멋있게 그릴 줄은 몰랐는데.

Wow! That's a masterpiece!
우와, 멋진 작품이 완성되었네!

Let's put it on the wall so Daddy can see it, too.
아빠도 보실 수 있게 벽에 붙여놓자.

 아이의 작품을 칭찬할 때

You did a good job drawing Daddy.　아빠를 잘 그렸구나.
That looks just like Daddy.　아빠랑 똑같이 생겼네.
You're a good artist!　너 정말 그림 잘 그리는구나!
What a nice picture it is!　정말 멋진 그림이구나!

> **블록놀이**
>
> # Should we build a house with blocks?
> 블록으로 집을 지어볼까?

수 개념과 크기에 관한 표현을 배울 수 있는 블록놀이는 아이의 소근육 발달과 두뇌발달의 기초를 다져주고 공간지각 능력 향상에도 도움을 줍니다.

Should we build a house with blocks?
블록으로 집을 지어볼까?

I'll put one here. Where do you want to put one?
엄마는 여기에다 놓을 거야. 너는 어디에 놓을래?

Let's pile the blocks up higher.
OR Let's build them up higher. / Let's stack them higher.
블록을 더 높이 쌓아보자.

Let's make a big circle.
커다란 동그라미를 만들어보자.

How about if we stand the block this way?
이렇게 세워보면 어떨까?

Find all the red blocks.
빨간색 블록만 찾아보자.

How many red blocks are there in all?
빨간색 블록이 모두 몇 개지?

What color is this?
이건 무슨 색이지?

 **It's green.**
초록색이요.

Yes, let's build a green roof.
그래, 초록색 지붕을 만들어보자.

Did you make this? Tell Mommy what you made.
                              OR Tell me about it.
네가 만들었니? 뭘 만들었는지 엄마에게 이야기해줘.

Now knock it over. Clunk, bump, bump….
이제 무너뜨려 봐. 와르르….

Okay, let's put the blocks back in their box.
자, 이제 블록을 다시 상자에 넣자.

Let's gather the big ones first and then the middle-sized ones.
큰 것부터 모으자. 다음은 중간 것.

Now let's gather the smallest ones.
이제 가장 작은 것을 모으자.

 여러 가지 모양

Let's build a big cylinder. 커다랗게 원통형을 쌓아보자.
Let's paint a long rectangle. 길다란 네모를 그려보자.
Let's draw a black pentagon. 검은색 오각형을 그려보자.
Let's make a big trapezoid. 커다란 마름모꼴을 만들어보자.
Let's cut this red hexagon. 이 빨간 육각형을 오려보자.

141

찰흙놀이

Put some clay in your palm and roll it around.
찰흙을 손바닥에 올리고 동글동글 굴려보자.

아이와 함께 찰흙으로 이것저것 만들어보면서 손동작에 관한 표현을 자연스럽게 가르쳐줄 수 있습니다.

Let's make something out of this clay.
우리 이 찰흙으로 뭔가 만들어보자.

Knead it like this. How does it feel?
이렇게 주물러봐. 느낌이 어때?

Roll the clay out long like this.
찰흙을 밀어서 길쭉길쭉 늘려보자.

Look. It looks just like a snake.
봐. 꼭 뱀처럼 생겼네.

Put some clay in your palm and roll it around.
찰흙을 손바닥에 올리고 동글동글 굴려보자.

It's a round ball.
동그란 공이 됐네.

Should we make it bigger this time?
이번엔 좀 더 크게 만들어볼까?

How about pounding on it (with your fist) and making it flat?
주먹으로 두드려 납작하게 만들어볼까?

Pound, pound, pound.
쾅쾅쾅.

That's great! You did a very good job.
멋지다. 정말 잘 만들었네.

Are you all done with the clay?
이제 다 가지고 놀았니?

Then let's put the clay in its container, or it will dry out.
그럼 찰흙을 통 안에 넣어두자. 그러지 않으면 굳어버릴 거야.

 다양한 만들기 활동

Let's build something out of these blocks.　우리 이 블록으로 뭔가 지어보자.
Let's carve something out of this wood.　우리 이 나무로 뭔가 조각해보자.
Let's draw something with this oil pastel.　우리 이 오일 파스텔로 뭔가 그려보자.
Let's fold something with this paper.　우리 이 종이로 뭔가를 접어보자.
Let's bake some bread with this dough.　우리 이 반죽으로 빵을 구워보자.

> **공작놀이**
>
> # What should we make?
> 뭘 만들까?

종이를 접고, 찢고, 붙이고, 오리는 등 여러 가지 만들기 표현을 알려줄 수 있어요.

What should we make?
뭘 만들까?

Yes, let's build a great big castle.
그래, 근사한 성을 짓자.

Rip the paper like this.
종이를 이렇게 찢어봐.

Should we do some paper folding with this red paper?
빨간 색종이로 종이접기할까?

Fold it like this.
OR Fold it into this shape.
이 모양대로 접어보자.

If we do this, we make a triangle.
이렇게 하면, 세모가 만들어지네.

Let's cut out the shapes on this paper.
이 종이에 있는 모양을 오려보자.

Use these safety scissors.
이 안전가위로 해봐.

Follow the solid lines.
선을 따라가면 돼.

Now we have to paste it on with paste.
이제 풀로 붙여야지.

Try to stick the sticker here.
스티커는 여기에 붙여봐.

Okay, let's tape it with cellophane tape.
자, 이제 셀로판테이프로 붙이자.

It's all done. It's a splendid house, isn't it?
다 만들었다. 근사한 집이구나, 그렇지?

Oh, oh, everything is sticky.
OR **It's sticky everywhere.**
이런, 온통 끈적끈적하구나.

That was fun, wasn't it?
재미있었지?

Let's put everything away.
이제 깨끗이 치우자.

 **다양한 질감 표현**

It's **rough** everywhere.   온통 꺼칠꺼칠하구나.
It's **slippery** everywhere.   온통 미끌미끌하구나.
It's **grainy** everywhere.   온통 버석버석하구나.
It's **damp** everywhere.   온통 눅눅하구나.

> **숨바꼭질 놀이**
>
> # Let's play hide-and-seek.
> 우리 숨바꼭질 놀이하자.

집 안에서 숨바꼭질 놀이를 하면서 가구의 이름과 옆에, 안에, 뒤에 같은 위치와 관련한 표현을 재미있게 배울 수 있어요.

Let's play hide-and-seek.
우리 숨바꼭질 놀이하자.

I'll be "it" first. Jae-Yoon and Hye-Yoon hide.
처음엔 엄마가 술래할 테니까 재윤이랑 혜윤이는 숨어.

I'll count from one to twenty.
엄마가 1부터 20까지 셀게.

One, two, three, four, five, six, seven, eight, nine, ten, … twenty!
1, 2, 3, 4, 5, 6, 7, 8, 9, 10 … 20!

Here I come, ready or not!
이제 간다!

Where are they hiding? Are they in the closet? No, they aren't.
OR Where is Jae-Yoon hiding?
어디에 숨었을까? 벽장 안에 있나? 없네.

Are they standing behind the door? No, they're not.
OR Is he / she **OR** he / she isn't.
문 뒤에 서 있을까? 없네.

Are they hiding under the bed? Ah ha, I found you.
침대 밑에 숨었을까? 아, 찾았다.

Here you are! Here's a big hug.
여기 있었구나. 안아줄게.

Now it's Hye-Yoon's turn to be "it."
이제 혜윤이가 술래할 차례야.

Close your eyes and count to twenty.
자, 눈 감고 20까지 숫자를 세.

Oh, you shouldn't open your eyes!
어? 눈 뜨고 보면 안 되지.

모래놀이

Shall we play in the sand?
엄마랑 모래놀이 할까?

감촉이 독특하고 형태가 일정하지 않은 모래를 가지고 놀면서 다양한 감각과 형태에 관한 표현을 익힐 수 있습니다.

Shall we play in the sand?
엄마랑 모래놀이 할까?

You shouldn't eat this. It's just for playing.
이건 먹으면 안 돼. 그냥 갖고 노는 거야.

Feel the sand. It feels grainy.
모래를 만져보자. 까실까실하지?

Oh! If we hold it in our hands, it runs out.
어! 손에 쥐니까 스르르 흘러내리네.

Let's walk in the sand in our bare feet.
OR Let's step on the sand with our bare feet.
맨발로 모래를 밟아보자.

It tickles the bottoms of your feet, doesn't it?
발바닥이 간질간질하지?

Should we hide Mommy's hand in the sand?
모래 속에 엄마 손을 숨겨볼까?

Little toad, little toad, here is an old house ; give me a new one.
두껍아 두껍아 헌집 줄게, 새집 다오.

What should we make with the sand?
모래로 무엇을 만들어볼까?

Okay, let's make a sandcastle.
그래, 모래성을 만들자.

Here's a sand shovel.
여기 모래삽이 있어.

Let's mix some sand and water in this bucket.
여기 양동이에 물과 모래를 좀 섞자.

Let's press this mold in the sand. Ta-da! It's an apple.
모양 틀에 찍어보자. 짜잔! 사과네.

You try it, too. What shape do you want to make?
너도 해봐. 넌 무슨 모양을 찍을래?

If you're done playing, you have to gather your things.
다 놀았으면, 네 물건을 챙겨야지.

Brush the sand off your clothes, and wash your hands.
옷에 묻은 모래를 털고 손을 씻자.

> **놀이터에서 놀 때**
>
> # Do you want to slide down the slide?
> 미끄럼틀 탈래?

아이들에게 놀이터는 친근하고 신나는 장소지요. 놀이터에 있는 놀이기구의 이름과 타다, 올라간다, 떨어진다 같은 동작 표현을 재미있게 배울 수 있습니다..

Should we go to the playground?
엄마랑 놀이터에 가서 놀까?

Do you want to slide down the slide? Okay, go up the stairs.
미끄럼틀 탈래? 자, 계단을 올라가야지.

Are you scared ? Slide down. I'll catch you.
무섭니? 이리 내려와 봐. 엄마가 잡아줄게.

Be careful. Don't push your friend.
조심해. 친구를 밀면 안 돼.

Whee, down you come!
쉬웅, 내려온다!

Sit on the swing. I'll push you.
여기 앉아봐. 엄마가 그네 밀어줄게.

 Push me harder.
더 세게 밀어주세요.

Okay, one, two, one, two. Up you go, higher and higher.
하나 둘, 하나 둘. 점점 높이 올라간다.

Hold on tight. Don't fall off (the swing).
꼭 잡아. 떨어질라.

Don't jump off the swing. You might get hurt.
거기서 뛰어내리면 안 돼. 그러다 다칠라.

Do you want to ride on the seesaw with your friend?
친구랑 시소 탈까?

Okay, up you go, down you go.
자, 올라갔다 내려간다.

It's getting late. It's time to go home.
오늘은 늦었으니까 이만 집에 들어가자.

Say, "Bye," to your friend. You can play together again tomorrow.
친구한테 "안녕" 해야지. 내일 또 놀 수 있어.

 **놀이터에서 놀 때 당부의 말**

Don't push the other children. 다른 아이들을 밀면 안 돼.
You're not supposed to cut in line. 새치기하는 거 아니야.
Let's take turns when climbing the jungle gym. 정글짐을 올라갈 때는 차례대로 올라가자.
You should not throw sand at your friends. 친구들한테 모래 뿌리는 거 아냐.

> **시장놀이**
>
> # How much is it?
> 이건 얼마예요?

엄마와 아이가 상인과 손님이 되어 물건을 사고파는 시장놀이를 통해 아이에게 수 개념과 경제 개념을 동시에 가르쳐줄 수 있습니다.

Fresh fruit. Get your fresh fruit here.
과일 사세요. 싱싱한 과일 사세요.

Come and take a look.
이리 와서(어서 와서) 보세요.

 **What's this?**
이건 뭐예요?

Oh, it's a watermelon.
아, 그건 수박이에요.

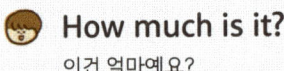 **How much is it?**
이건 얼마예요?

It's big, so it's expensive. It's 1,000(one thousand) won.
이 수박은 좀 커서 비싸요. 1,000원이요.

 **Oh, that's kind of expensive. How about these grapes?**
에이, 좀 비싸다. 그럼 이 포도는요?

They're 800(eight hundred) won.
그건 800원요.

MP3 4-17

🧒 I see. I'll take the watermelon and the grapes.
알겠어요. 수박과 포도를 주세요.

🧒 How much is that in all?
모두 얼마예요?

The watermelon is 1,000 won and the grapes are 800 won….
수박이 1,000원이고, 포도가 800원이면….

It's 1,800 won altogether.
합하면 1,800원이네요.

🧒 Here's 2,000 won.
여기 2,000원 드릴게요.

If we subtract 1,800 from 2,000, your change is 200 won.
OR All right, 1,800, 1,900, 2,000. Your change is 200 won.
2,000원에서 1,800원을 빼면, 200원을 거슬러드리면 되겠군요.

Here is your change, 200 won.
여기 거스름돈 200원 드릴게요.

Should I put this in a plastic bag for you?
이거 비닐봉지에 넣어드릴까요?

🧒 No, a paper bag, please.
아뇨, 종이봉투에 넣어주세요.

Thank you. Please, come again.
고맙습니다. 또 오세요.

> **병원놀이**
>
> # I have a cough and a runny nose.
> 기침도 나고 콧물도 나요.

아이와 병원놀이를 하면서 병원에서 하는 일과 증상에 관한 다양한 표현을 가르쳐줄 수 있어요.

Should we play hospital?
우리 병원놀이 할까?

> **Yes, I'll be the doctor.**
> 네, 제가 의사 선생님 할래요.

Okay. You be the doctor, and I'll be the patient.
그래 알았어. 네가 의사 선생님이고 엄마는 환자야.

> **What's wrong?**
> 어디가 아프세요?

Doctor, I fell over and hurt myself. My leg is bleeding.
선생님, 넘어져서 다쳤어요. 다리에 피가 나요.

> **First we need to clean it with alcohol swabs.**
> 먼저 알코올 스왑으로 상처를 닦아줄게요.

> **Next I'll put some ointment on it and a bandaid over it.**
> 그런 다음 약을 바르고 반창고를 붙여줄게요.

Doctor, I have a cough and a runny nose. Cough, cough, sniff, sniff.
선생님, 기침도 나고 콧물도 나요. 콜록콜록, 훌쩍훌쩍.

> **Oh, you have a cold.**
> 저런, 감기에 걸리셨군요.

Do I need a shot?
주사 맞아야 해요?

> **Don't worry. It won't hurt.**
> **OR** It's going to sting.
> 걱정하지 마세요. 안 아파요. / 조금 따끔할 거예요.

Ouch! That hurt.
> **OR** It hurts.

아야, 아파라.

> **Don't overact!**
> 엄살 피우지 마세요.

> **Take this medicine after meals.**
> 밥 먹고 나서 이 약을 드세요.

 증상을 설명하는 표현들

I have a headache and a toothache.   머리도 아프고 이도 아파요.
I have a stomach ache and diarrhea.   배도 아프고 설사도 해요.
I have a fever and a rash.   열도 나고 발진도 있어요.
I have the chills and I feel dizzy.   오한이 나고 어지러워요.

사이먼 가라사대

Simon says, "Sit down!"
사이먼 가라사대, 제자리에 앉아!

'Simon says'라고 말하고 동작을 지시하면 그대로 따라 하는 놀이입니다. 'Simon says'라는 말을 하지 않을 땐 절대로 움직이면 안 되기 때문에 약간의 속임수가 필요한 게임이에요.

Simon says, "Touch your nose!"
사이먼 가라사대, 코를 만져라!

Simon says, "Put your right foot out!"
사이먼 가라사대, 오른발을 내밀어!

Simon says, "Sit down!"
사이먼 가라사대, 제자리에 앉아!

"Raise your right hand!"
오른손 들어!

Oh, I didn't say, "Simon says."
어, 엄마는 "사이먼 가라사대"라고 하지 않았어.

It was wrong, so I'll tickle you. Tickle, tickle, tickle.
규칙을 어겼으니까 엄마가 널 간지럼 태울 거야. 간질간질.

리더 따라 하기

Everyone, follow me. Just like this.

나처럼 해봐라, 요렇게.

엄마의 동작을 그대로 따라 하는 'Follow the leader'는 여러 가지 동사와 의태어를 익히는 데 좋은 놀이입니다. 신나는 챈트 리듬에 맞춰 아이와 함께 재미있게 즐겨보세요.

Let's Chant!

Everyone, follow me. Just like this. 나처럼 해봐라. 요렇게.
I can hop, just like this. 나는 깡총깡총 뛸 수 있어요.
Hippety, hoppety, hop, hop, hop. 깡총깡총.
Everyone, follow me. Just like this. 나처럼 해봐라. 요렇게.
I can swing my hips just like this. 나는 엉덩이를 이렇게 흔들 수 있어요.
Swing, swing, shake, shake, shake. 흔들흔들.
Everyone, follow me. Just like this. 나처럼 해봐라. 요렇게.
I can wave my arm just like this. 나는 팔을 이렇게 휘휘 저어요.
Wave, wave, wave, wave, wave. 휘이휘이.
Everyone, follow me. Just like this. 나처럼 해봐라. 요렇게.
I can stick my tongue out just like this. 나는 이렇게 혀를 내밀 수 있어요.
Blah, blah, blah, blah, blah. 블라블라.
Everyone, follow me. Just like this. 나처럼 해봐라. 요렇게.
I can cry just like this. 나는 이렇게 엉엉 울어요.
Boo hoo, wah, wah, wah. 엉엉.

알파벳 놀이

What begins with 'a'?
'a'로 시작하는 말은 뭐가 있을까?

아이가 알파벳을 모른다고 초조해할 필요는 없어요. 놀이나 노래를 통해 자연스럽게 알파벳을 접하게 해주세요.

This is different from Hangul, isn't it?
이건 한글과 다르지?

It's called the alphabet.
알파벳이라고 하는 거야.

This is 'a'. This is 'b'.
OR This shape is 'a'. This shape is 'b'.
이렇게 생긴 것은 a, 이렇게 생긴 것은 b야.

This is a big 'A'. This is a small 'a'. Isn't it cute?
이건 대문자 A고, 이건 소문자 a야. 귀엽지?

There's a fun song about the alphabet. ABCDEFG….
알파벳으로 재미있게 만든 노래도 있어. ABCDEFG….

'A' is for apple.
'a'는 apple의 'a'야.

What begins with 'a'? Yes, 'apple'. You're so smart!
'a'로 시작하는 말은 뭐가 있을까? 그래, 'apple'. 참 똑똑하구나!

Way to go! You'll be able to read storybooks very soon!
OR Very good!
정말 잘했어. 금방 동화책도 읽겠구나!

공놀이

I'll throw it. Catch it.
엄마가 던질게. 받아라.

공을 굴리고, 던지고 받고, 바닥에 튀기는 놀이를 하면서 다양한 동작에 관한 표현을 배울 수 있습니다.

Let's play with the ball.
OR **Let's play catch.**
공놀이 하자.

I'll roll the ball to you. Catch it.
엄마가 공 굴릴게. 받아.

Roll the ball to me. I'll catch it.
엄마한테 공 굴려봐. 엄마가 잡을게.

I'll throw it. Catch it.
엄마가 던질게. 받아라.

Oh, you missed the ball. Go get it.
어? 공을 놓쳤네. 가서 가져와.

Throw the ball. I'll catch it.
공을 던져봐. 엄마가 받을게.

Bounce the ball like this.
공을 이렇게 튀겨봐.

The ball is bouncing up and down.
공이 통통 튀어가네.

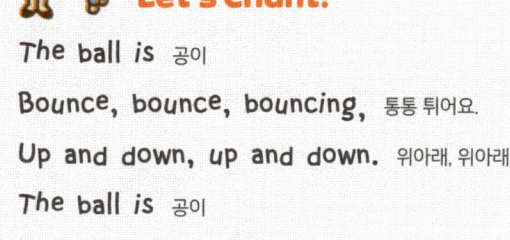

Let's Chant!

The ball is 공이
Bounce, bounce, bouncing, 통통 튀어요.
Up and down, up and down. 위아래, 위아래로.
The ball is 공이
Roll, roll, rolling, 데굴데굴 굴러가요.
Round and round, 돌돌
Round and round. 돌돌.

풍선놀이

Shall I blow it up for you?
풍선 불어줄까?

풍선을 불고, 날리고, 손발로 가지고 놀면서 여러 동작에 관한 표현을 익힐 수 있습니다.

Let's play with the balloon.
풍선 가지고 놀자.

Shall I blow it up for you?
풍선 불어줄까?

You blow it up like this (with your mouth). Whoosh-.
이렇게 (입으로) 바람을 불어넣는 거야. 후우-

There, let's let the balloon fly away.
자, 풍선을 날려보자.

It's flying around.
풍선이 날아가네.

Now, let's blow it up again and tie it.
이제 다시 불어서 주둥이를 묶자.

Be careful. It'll pop.
조심해. 터진다.

인형놀이

Let's play dolls.
인형놀이 하자.

인형놀이는 아이의 상상력을 자극하고 사회성을 길러주는 데 좋은 놀이입니다. 인형과 대화하며 영어 실력도 쑥쑥 자란답니다.

Let's play dolls.
인형놀이 하자.

Let's tie the doll's hair back.
인형 머리를 묶어주자.

Let's give the doll a bath.
인형을 목욕시키자.

Let's dress the doll.
인형에게 옷 입히자.

Let's hold the doll.
인형을 안아주자.

Let's feed the doll.
인형에게 밥 먹이자.

Let's put the doll to bed.
인형을 재우자.

장난감을 갖고 놀 때

I'll fix it for you.
엄마가 고쳐줄게.

아이가 좋아하는 장난감을 가지고 놀 때 자연스럽게 영어로 말을 걸어보세요. 영어에 대한 흥미를 높여줄 수 있습니다.

Let's play cars.
자동차 가지고 놀자.

Push here.
OR Press this button.
여기 눌러봐.

It makes a sound. What sound is it?
소리가 나네. 무슨 소리지?

It's broken. I'll fix it for you.
고장났네. 엄마가 고쳐줄게.

Let's play with the robots.
로봇 가지고 놀자.

Transform! Unite!
변신! 합체!

They went "boom." They don't work any more.
　　　　　　　　　　OR They're broken.
쿵, 부딪혔네. 고장났다. / 망가졌구나.

Fun Facts: doll / stuffed toy 인형

우리나라에서는 곰 인형, 마론 인형, 동물 인형 등을 한데 묶어서 '인형'이라고 부르지만 영어에서는 소재나 모양에 따라 각각의 인형을 구분하여 부릅니다.

stuffed toy

Hug this stuffed toy, and you'll feel cozy.
이 봉제 인형을 안으면 포근해질 거야.

doll / dollie

I like to play house with my dolls.
난 인형이랑 소꿉놀이하는 걸 좋아해.

figurine

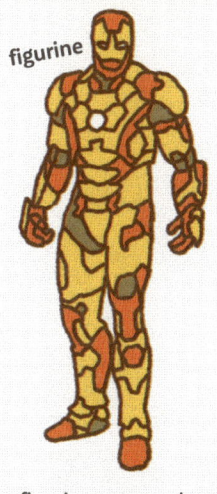

These figurines are my brother's collection.
이 피규어들은 우리 형 수집품이야.

teddy bear

I can't sleep without my teddy bear.
나는 곰 인형 없이는 잠을 못 자.

rubber duck / rubber ducky

My sister needs rubber ducks when she takes a bath.
내 동생은 목욕할 때 고무 오리 인형이 있어야 해.

stuffed animal

My dog looks like a stuffed animal.
우리 강아지는 꼭 인형같이 생겼어.

> **칭찬할 때**
>
> # I'm so proud of you.
> 엄마는 네가 자랑스러워.

아이의 자존감을 높여줄 수 있는 칭찬의 말을 알아두었다가 아이가 칭찬받을 일을 했을 때 활용해보세요.

Did you really make this? That's amazing.
이걸 정말 네가 했니? 놀라운데.

You keep the promises that I tell you; You're the top one!
엄마가 말한 대로 약속도 지키고, 너 정말 최고다!

You really did a good job. You're all grown up.
정말 잘했어. 이제 다 컸구나.

Was this your idea? That's great.
네가 생각해낸 거니? 정말 굉장하다.

You're able to share your toys. You're really a good boy.
장난감도 양보할 줄 알고, 정말 착한 아이구나.

You take good care of your little brother. You're such a good boy.
동생을 잘 보살피다니, 기특하구나.

I'm so proud of you. That's my girl.
엄만 네가 자랑스러워. 역시 내 딸이야.

You're very good at singing.
노래도 잘하네.

You've grown a lot.
많이 컸구나.

You look good in that.
그거 입으니까 멋있는데.

Did you clean it up all by yourself? Terrific!
정말 너 혼자서 치웠어? 굉장하구나!

I knew you could do it.
네가 해낼 줄 알았어.

Wow, you did it yourself. Good boy. Here's a kiss!
와, 혼자서 다 했구나. 착해라, 우리 아기. 뽀뽀!

How could you think of something like that? You're funny!
OR How could you think something like that up? What fun!
어떻게 그런 생각을 다 했어? 정말 재미있다!

 칭찬과 응원의 말

Way to go! 정말로 잘했어!
You got this! 넌 할 수 있어!
There you go! 그렇지!
Keep it up! 잘하고 있어!
Go for it! 파이팅!

꾸짖을 때

I told you not to do that.
엄마가 그런 짓 하지 말라고 말했잖니.

아이가 잘못을 저질렀을 때 자기 잘못을 깨닫고 스스로 반성할 수 있는 엄마의 말은 무엇이 있을까요? 적절한 표현을 알아두었다가 활용해보세요.

Jae-Yoon, get down now, or you're going to be in trouble.
재윤이, 너 지금 안 내려오면 엄마가 혼낼 거야.

Jae-Yoon, come here and sit down.
재윤아, 이리 와서 앉아 봐.

I told you not to do that.
엄마가 그런 짓 하지 말라고 말했잖니.

You agreed to be punished when you did something wrong, didn't you?
잘못했으면 벌 받기로 했지?

You didn't do what I said, so shouldn't you be punished?
엄마 말을 안 들었으니 혼나야겠지?

Hold your hands over your head until I tell you to put them down.
OR Raise your arms
엄마가 됐다고 말할 때까지 거기 손들고 있어.

Okay, come here. Since you're sorry, here's a hug.
그래, 이리 와. 반성했으니까 엄마가 안아줄게.

Don't do that again. Okay?
다시는 그러지 말자. 알았지?

자신감을 북돋아 줄 때

You'll be able to do it.
넌 잘 해낼 수 있을 거야.

아이들은 커가면서 크든 작든 수없이 많은 도전과 실패에 맞닥뜨리게 됩니다. 자신감이 떨어진 아이를 위한 응원과 격려의 말을 알아두었다가 활용해보세요.

I believe in you. You'll be able to do it.
엄만 널 믿어. 넌 잘 해낼 수 있을 거야.

Yes, that's how it's done. (You did a) good job.
OR that's how you do it.
그래, 그렇게 하는 거야. 잘했어.

Don't be disappointed. You did your best, didn't you?
실망하지 마. 넌 최선을 다했잖아.

That's all right. Having worked hard is more important.
괜찮아, 열심히 노력하는 과정이 더 소중한 거야.

You'll be able to do better next time.
다음엔 더 잘할 수 있을 거야.

I'm very proud of you.
엄만 네가 정말 자랑스러워.

You may not be good at singing, but you're very good at running.
넌 노래는 잘 못 불러도 달리기는 최고잖아.

You draw really good robots.
OR You draw robots very well.
너는 로봇을 정말 멋있게 그려.

당부할 때

Don't pick on your little brother.
동생을 괴롭히면 안 돼.

다른 사람에게 피해를 주는 행동이나 잘못된 생활습관을 바로잡기 위해선 어떤 말을 해줘야 할까요? 아이의 문제행동을 개선할 수 있는 표현을 알아두었다가 활용해봅시다.

Jae-Yoon, you promised not to do that, didn't you?
재윤이, 그건 안 하기로 엄마랑 약속했지?

Promise me you won't fight with your friends anymore.
다시는 친구랑 싸우지 않겠다고 엄마랑 약속하자.

Stop screaming. It bothers other people.
소리 지르지 마. 다른 사람들에게 방해가 되잖아.

You shouldn't run inside the house.
OR You're not supposed to
집 안에서는 뛰어다니는 거 아냐.

Don't pick on your little brother.
동생을 괴롭히면 안 돼.

Don't bug your big brother.
형을 귀찮게 하지 마.

You shouldn't watch TV for such a long time.
OR Don't watch so much TV.
TV를 너무 오래 보면 안 돼.

> 자다 깨서 울 때
>
> # Did you have a scary dream?
> 무서운 꿈 꿨니?

새벽에 자다 깨서 울거나 칭얼대는 아이를 달래줄 표현을 알아두었다가 활용해보세요.

What's happened? Do you want to go potty? Or are you thirsty?
OR What's the matter?
왜 그래? 쉬하고 싶어? 아니면 목이 마른 거야?

I see. I'll bring you some water.
알았어. 엄마가 물 갖다 줄게.

Have you had enough? Then, let's go back to sleep.
다 마셨어? 그럼 이제 자자.

Why are you crying? Did you have a scary dream?
왜 울어? 무서운 꿈을 꿨니?

I see. Come here. I'll hold you.
그랬구나. 이리 와. 엄마가 안아줄게.

It's okay now. There's nothing over there.
이제 괜찮을 거야. 저긴 아무것도 없어.

There, there. You're all right, aren't you?
그래, 그래. 자, 봐. 괜찮지?

You won't have any more scary dreams; so sleep tight.
다시는 무서운 꿈 안 꿀 테니까 푹 자.

친구나 동생이랑 싸웠을 때

You should get along with your friends.
친구랑 사이좋게 지내야지.

친구나 형제끼리 다툼이 생겼을 때 아이를 진정시키고 싸움을 말릴 수 있는 표현을 알아두었다가 활용해보세요.

What's wrong?
OR What's the matter?
무슨 일이니?

What are you fighting about?
뭐 때문에 싸우는 거니?

You should get along with your friends.
친구랑 사이좋게 놀아야지.

Don't hit your friend.
친구 때리지 마.

You shouldn't pinch people.
꼬집으면 안 돼.

How dare you scratch your friend's face!
친구를 할퀴면 어떻게 하니?

Did you take your friend's toy away from him?
네가 친구 장난감을 빼앗았어?

If you hit your brother, it hurts him.
OR If you hit your sister, it hurts her.
동생을 때리면 동생이 아프잖아.

Since you made him cry, you should apologize to him.
네가 울렸으니, 사과를 해야지.

Say, " I'm sorry," and hug him. That's right. That's a good boy.
"미안해" 하고 안아줘. 옳지. 착하다.

Promise me that you won't fight with your brother again.
다시는 동생이랑 안 싸우겠다고 엄마랑 약속하자.

 **You shouldn't ~   ~하면 안 돼.**

You shouldn't hit your friends.   친구를 때리면 안 돼.
You shouldn't push your sister.   동생을 밀면 안 돼.
You shouldn't scratch other students.   다른 학생들을 할퀴면 안 돼.
You shouldn't bother Daddy.   아빠를 방해하면 안 돼.
You shouldn't yell at people.   소리 지르면 안 돼.

> **투정 부리거나 떼를 쓸 때**
>
> # Stop pestering me.
> 떼쓰지 마.

아이가 이유 없이 투정을 부리거나 떼를 쓸 때는 단호한 태도를 보일 필요가 있습니다. 투정이 습관이 되지 않도록 적절한 표현을 알아두었다가 활용해보세요.

What's the matter?
왜 그러니?

Did I hurt your feelings?
엄마가 널 속상하게 했니?

I know you're not in a good mood.
네 기분이 안 좋다는 것 엄마도 알아.

Don't cry. Tell me slowly and clearly what happened.
OR Don't shout.
울지 말고 / 소리 지르지 말고, 무슨 일인지 천천히 말해 봐.

Stop it now. Whining is a bad habit.
이제 그만 해. 징징대는 건 안 좋은 습관이야.

When Mommy says, "No," it means "No."
엄마가 안 된다면 안 되는 거야.

Be good!
OR Behave yourself!
착하게 굴어야지. / 점잖게 굴어야지.

Stop pestering me. I'm not going to do it.
떼쓰지 마. 그래도 엄만 안 들어줄 거야.

I'm really disappointed that you're having a temper tantrum like this.
OR It really disappoints me
이렇게 떼를 쓰다니 실망스럽구나.

 I'm sorry. I won't do that again.
죄송해요. 다신 안 그럴게요.

That's right. That's a good boy.
그래. 그래야 착한 아이지.

 **아이가 투정 부리거나 떼를 쓸 때**

You're having a temper tantrum.   너는 떼를 쓰고 있어.
Don't throw a tantrum.   떼쓰는 거 아니야.
Having a tantrum is a bad habit.   떼를 쓰는 건 좋지 않은 버릇이야.
Stop pestering me.   그만 보채렴.
What's the fuss?   왜 이렇게 난리니?
Stop making a scene.   소란 피우지 마.

> **아이가 아플 때**
>
> # Don't be sick. I'll hold you tight.
> 아프지 마. 엄마가 꼭 안아줄게.

아픈 아이를 돌보면서 아이를 달래줄 표현을 알아두었다가 활용해보세요. 몸이 아플 때 엄마의 따뜻한 손길과 위로의 말은 아이가 정서적으로 안정을 찾고 건강을 회복할 수 있는 약이 됩니다.

What's the matter? Are you sick?
왜 그래? 어디 아프니?

Do you have a headache? Or a stomach ache?
OR Does your head hurt? Or does your tummy hurt?
머리가 아프니? 아니면 배가 아파?

Is one of your teeth coming in?
이가 나려고 하나?

Your hiccups aren't stopping. How about drinking some water?
딸꾹질이 멈추질 않네. 물을 좀 마셔볼래?

Oh, you threw up. Are you okay?
OR You vomited. / You spit up. (아기가 젖을 토할 경우)
어머나, 토했구나. 괜찮니?

Oh, you fell down and hurt yourself.
저런 넘어져서 상처가 났구나.

I'll blow on it, and put some medicine on it.
엄마가 호- 해주고, 약 발라줄게.

You have a high fever. I'll have to take your temperature.
열이 많구나. 체온을 재봐야겠다.

You have a bad cough.
OR Your cough is pretty bad.
기침이 심하네.

You're sneezing. You must have caught a cold.
재채기하는 걸 보니 감기에 걸린 모양이다.

Don't be sick. I'll hold you tight.
아프지 마. 엄마가 꼭 안아줄게.

I wish I could be sick instead of you.
엄마가 대신 아팠으면 좋겠어.

Take this medicine, and get well soon.
이 약 먹고 빨리 나아야지.

I think we'd better go to the hospital.
아무래도 병원에 가야겠다.

 **Try It!** 병원/약국에 가다

We'd better go to the clinic. 병원에 가야겠다.
We'd better go to the doctor. 의사 선생님께 가야겠다.
We'd better go to your pediatrician. 담당 소아과 선생님께 가야겠다.
We need to talk to the pharmacist. 약사님과 상의해야겠다.
We'd better go to the pharmacy and get some medicine. 약국에 가서 약을 짓는 게 좋겠다.

> **위험한 상황일 때**
>
> # Don't touch that! It's dangerous.
> 만지지 마. 위험해.

아이가 위험한 행동을 할 때는 어떻게 해야 할까요? 훈육할 때 필요한 단호한 표현을 알아두었다가 활용해보세요.

Don't touch that! It's dangerous.
OR Don't go there.
만지지 마. / 가지 마. 위험해.

Be careful. You might fall over!
조심해! 넘어지겠다.

That was close. You almost got hurt.
큰일 날 뻔했네. 다칠 뻔했잖아.

See. What did I tell you!
그것 봐. 엄마가 뭐라고 했니!

If you get hurt, it makes Mommy sad.
네가 다치면 엄마가 속상하잖니.

Does it hurt here? Does it hurt a lot?
여기가 아프니? 많이 아파?

I'll rub it for you. There. Now it doesn't hurt anymore, does it?
엄마가 문질러줄게. 됐다. 이젠 안 아프지?

Let's not do that anymore. Okay?
다신 그러지 말자. 알겠지?

If you touch that, you'll get an "owie."
그거 만지면 "아야" 하지?

Knives are dangerous. I told you not to touch them, didn't I?
칼은 위험하니까 만지지 말라고 했지?

Don't ever play with the electrical cords.
절대로 전기 코드 가지고 놀지 마.

Never put chopsticks in the outlet. Do you understand?
절대로 전기 코드 구멍에 젓가락 집어넣지 마. 알았니?

 다쳤을 때

You burned yourself.   화상을 입었구나.
You have a burn.   화상을 입었구나.
You scratched your arm.   팔을 긁혔구나.
You have a scratch on your arm.   팔을 긁혔구나.
You sprained your ankle.   발목을 삐었구나.
You have a sprained ankle.   발목을 삐었구나.
You broke your arm.   팔이 부러졌구나.
You have a broken arm.   팔이 부러졌구나.
You cut your leg.   다리를 베었구나.
You have a cut leg.   다리를 베었구나.

집안일을 돕게 할 때

Would you help Mommy, please?
엄마 좀 도와줄래?

어릴 적부터 간단한 심부름이나 집안일을 돕게 하면 아이에게 성취감과 책임감을 길러줄 수 있습니다. 아이에게 부탁할 때 필요한 표현을 알아두었다가 활용해보세요.

Would you help Mommy, please?
OR How about helping Mommy?
엄마 좀 도와줄래?

I'm washing the dishes. Would you bring me the dishes, please?
엄마 설거지하는데, 그릇 좀 갖다줄래?

Would you bring the remote control to Daddy, please?
아빠한테 리모콘 좀 갖다 드릴래?

Could you turn off the television please?
OR How about turning off the television?
텔레비전 좀 꺼주겠니?

Would you please put away your toys and books?
네 장난감과 책들을 정리해줄래?

I can't find the key. Would you go find it, please?
열쇠가 안 보이네. 네가 가서 찾아주겠니?

Thank you. You're really helping me a lot.
고마워. 네가 도와주니까 엄마가 훨씬 편하구나.

You're very good at doing errands.
심부름도 잘하네.

엄마가 실수했을 때

I promise I'll be more careful next time.
엄마가 다음부터 더 조심하겠다고 약속할게.

부모가 실수했을 땐 어떻게 해야 할까요? 모호한 말로 얼버무리기보다는 실수를 인정하고 아이에게 사과하는 것이 좋습니다. 사태를 수습할 적절한 표현을 알아두었다가 활용해보세요.

Oh, my goodness. I made a mistake.
어머나, 저런. 엄마가 실수했네.

I'm really sorry. Does it hurt a lot?
정말 미안해. 많이 아프니?

Grown-ups make mistakes sometimes, too.
어른도 실수할 때가 있단다.

I didn't do that on purpose. Can you understand that?
일부러 그런 건 아니야. 이해해줄 수 있니?

Okay, I promise I'll be more careful next time.
그래, 엄마가 다음부터 더 조심하겠다고 약속할게.

I'll wipe up the spilled water.
OR I'll wipe it up. / I'll clean it up.
쏟은 물은 엄마가 치울게. / 그건 엄마가 치울게.

I didn't understand what you were trying to do, and I got angry.
그런 줄도 모르고 엄마가 화를 냈구나.

I'm really sorry. I was wrong. Please forgive me.
정말 미안해. 엄마가 잘못했어. 용서해줘.

엄마의 감정표현

My happiest moments are when I'm with you.
엄마는 너와 함께 있는 순간이 가장 행복해.

엄마가 자신의 감정을 솔직하게 표현하면 아이도 자신의 감정을 바르게 알고 적절하게 표현할 수 있게 됩니다. 감정 표현이 담긴 챈트를 부르면서 어휘에 맞는 표정과 몸짓을 연출해보세요.

I'm really happy.
엄마는 정말 기쁘구나.

I like it best when you smile.
OR I think you're the prettiest when you smile.
엄마는 웃는 재윤이가 제일 예뻐.

Your face doesn't look pretty when you cry.
OR I don't like it when you cry / whine.
엄마는 울고 있는 / 짜증 내는 재윤이 얼굴이 정말 미워. / 싫어.

I like playing with you best.
엄마는 재윤이랑 놀 때가 제일 좋아.

I'm really angry. I might turn into a monster soon. (Growl, I'm the hulk.)
엄마 정말 화났어. 곧 괴물로 변할지도 몰라. (어흥, 나는 헐크다)

You broke your promise. I'm so disappointed.
OR You didn't do what I said. / You misbehaved. / You were impolite.
약속을 어기다니 / 말을 안 듣다니 / 버릇없이 굴다니 실망스럽구나.

It really upsets me that you hit your friend.
네가 친구를 때려서 엄만 속상해.

I'm so tired. I'm really having a hard time.
엄마는 너무 피곤해. 정말 힘들어.

You surprised me when you screamed.
엄마 놀랐어. 네가 소리 질러서.

Oh, my feelings are hurt. You should come here quickly and comfort me.
어, 엄마 정말 삐쳤어! 빨리 와서 달래줘야지.

Something bad happened. I feel sad.
좋지 않은 일이 있어서 엄마는 슬퍼.

I think this story is very interesting.
이 이야기는 아주 재미있어.

I'm so sad because Grandpa is sick.
할아버지가 편찮으셔서 엄마는 무척 슬퍼.

We're going to the amusement park. Isn't that exciting?
놀이공원에 가다니, 정말 신난다. 그지?

My happiest moments are when I'm with you.
엄마는 너와 함께 있는 순간이 가장 행복해.

I will always love you because you are dear to me.
엄마는 언제나 너를 사랑한단다. 너는 너무 소중하니까.

Let's Chant!

Look at my face. 내 얼굴을 봐.
I'm sad. 난 슬퍼.
Look at my face. 내 얼굴을 봐.
I'm mad. 난 화가 나.
Look at my face. 내 얼굴을 봐.
I'm bored. 난 지루해.
Look at my face. 내 얼굴을 봐.
I'm scared. 난 겁이 나.
Look at my face. 내 얼굴을 봐.
I'm surprised. 난 놀랐어.
Look at my face. 내 얼굴을 봐.
I'm excited. 난 신이 나.
Look at my face. 내 얼굴을 봐.
I'm happy. 난 행복해.

sad 슬픈	 **mad** 몹시 화가 난	 **bored** 지루한
 **scared** 겁먹은	 **surprised** 놀란	 **excited** 신이 난
 **happy** 행복한	 **nervous** 긴장되는	 **shy** 수줍은
 **curious** 궁금한	 **jealous** 질투 나는	 **embarrassed** 당황한

뱃속 아기에게 사랑을 전하는 속삭임

Mommy's so happy to be expecting you.
엄마는 너를 갖게 돼서 너무 기뻐.

We're in a hurry to see you.
우리도 네가 빨리 보고 싶어.

아기를 처음 만났을 때

Hello, Sweetheart. I'm your mommy.
귀여운 우리 아기. 내가 엄마란다.

We're so happy to have you with us.
우린 네가 있어서 얼마나 행복한지 몰라.

아기를 어르면서

Whose little baby is so pretty?
뉘 집 아기가 이렇게 예쁠까?

Peekaboo! I see you!
까꿍, 여기 있네!

수유하면서

Are you hungry? Do you want some milk?
배고프니? 우유 먹을래?

Okay, I'll get it ready.
그래, 엄마가 준비할게.

Okay, we're all done. I'll burp you.
그래. 다 됐다. 트림하자.

기저귀를 갈면서

Is your diaper wet?
너 쉬했니?

Okay, I'll change your diaper.
그래. 엄마가 기저귀 갈아줄게.

Hold still. I'll wipe your bottom.
가만히 있어봐. 엉덩이 닦아줄게.

옹알이에 응답하기

Oh, you are babbling.
우리 아기 옹알이하네.

What do you want to say, Precious?
무슨 말이 하고 싶은 거니?

오감을 자극하기

Listen, Honey. What's this sound?
들어봐, 이게 무슨 소리지?

Do you want to touch this? How does it feel?
이거 한번 만져볼래? 어떤 느낌이지?

우는 아이를 달랠 때

Why are you crying?
왜 울어?

Okay, I'll give you a big hug.
자, 엄마가 꼭 껴안아 줄게.

I'll give you a piggyback ride.
엄마가 어부바해줄게.

아기를 재울 때

You look so sleepy.
잠이 오나 보구나.

I'll put you to bed. Sleep tight.
엄마가 재워줄게. 이제 코 자자.

I'll sing you a lullaby.
엄마가 자장가 불러줄게.

아기가 몸을 뒤집거나 앉으려고 할 때

Lie down on your tummy.
엎드려 있어.

Okay, get up. Try to sit up.
자, 일어나. 앉아보자.

Wow! You turned over!
와! 우리 아기, 뒤집었다!

기기 시작할 때

Do you want to go forward?
앞으로 가고 싶니?

You're scooting.
우리 아기 배밀이하는구나.

걸음마를 배울 때

Let's try standing up and walking.
일어서서 걸음마 해보자.

Be careful. You might fall over.
조심해야지. 넘어질라.

Don't hurry. Take your time.
서두르지 마. 천천히 해야지.

이유식을 먹일 때

Let's eat just one more bite.
한 입만 더 먹어보자.

This is dirty. Don't eat it. Spit it out.
이건 지지야. 먹으면 안 돼. 퉤, 뱉어내.

You're drooling. I'll wipe your mouth.
침 흘리는구나. 엄마가 닦아줄게.

You ate it all up. You're a good eater.
다 먹었구나. 잘 먹었어.

숟가락질을 할 때

What do you want to drink? Juice or water?
뭐 마실래? 주스 아니면 물?

Do you want to try eating with the spoon?
숟가락으로 네가 먹어볼래?

배변습관 들이기

Do you want to go potty?
쉬하고 싶어?

Don't hold it. Just go potty.
참지 말고 쉬하자.

아침에 일어날 때

Did you sleep well?
잘 잤니?

Rise and shine.
어서 일어나세요.

Let's make the bed.
잠자리 정리하자.

이 닦을 때

Brush your teeth.
이 닦자.

Squeeze the toothpaste. And put it on the toothbrush.
자, 치약을 짜서 칫솔에 묻히자.

Now, spit it out and rinse your mouth.
이제 뱉어내고 입안을 헹구자.

세수할 때

Let's go wash your face.
가서 세수하자.

Let's comb your hair.
머리 빗자.

거울을 보면서

Who's in the mirror?
거울 속에 누가 있을까?

Where's your eye? Here it is.
눈은 어디 있을까? 여기 있네.

욕실에서

It's bath time.
목욕하자.

Let's wash your hair first.
머리 먼저 감자.

Now, I'll rinse you off.
이제 말끔히 헹구자.

화장실에서

Do you want to go to the bathroom?
화장실 가고 싶니?

Pull down your pants and sit on the toilet.
바지 내리고, 변기에 앉아야지.

Very good. Now flush the toilet.
잘했어. 이제 물 내려.

부엌에서

I'm washing the dishes.
엄마는 설거지하고 있어.

I'm making breakfast now.
엄마는 지금 아침 식사를 준비하고 있어.

요리할 때

I'll make you a pizza.
엄마가 피자 만들어줄게.

Let's fry it with some oil.
기름으로 볶자.

Should we add some more salt?
소금을 좀 더 넣을까?

식사 시간에

It's time for breakfast.
아침밥 먹을 시간이다.

Don't be a picky eater.
가려 먹는 거 아냐.

Eat with your spoon.
숟가락으로 떠먹어야지.

간식을 먹을 때

Let's have a snack.
간식 먹자.

You should share with your little brother.
동생이랑 사이좋게 나눠 먹어야지.

청소할 때

The house is too messy.
집이 너무 지저분하구나.

Let's clean it.
청소 좀 하자.

Would you put away your toys?
네 장난감 좀 치워줄래?

옷을 입힐 때

Okay, let's change your clothes.
자, 옷 갈아입자.

How about wearing a sweater?
오늘은 스웨터를 입을까?

Let's button the buttons and zip up the zipper.
단추도 채우고 지퍼도 올리자.

아이 혼자 옷을 입을 때

Do you want to get dressed by yourself?
너 혼자 입어볼래?

It looks good on you.
아주 잘 어울리는구나.

Which hat do you want to wear?
어떤 모자를 쓸 거니?

양말과 신발을 신을 때

Try to put on your socks, too.
양말도 네가 신어봐.

Your socks don't match.
양말을 짝짝이로 신었구나.

You've got your shoes on the wrong feet.
신발을 짝짝이로 신었구나.

빨래할 때

Let's do the laundry.
빨래하자.

Let's start the washing machine.
세탁기를 돌리자.

Okay, let's hang it up.
자, 빨래를 널자.

유치원에 아이를 보낼 때

Eat and get ready. You'll be late for kindergarten.
빨리 밥 먹고 준비해야지. 유치원에 늦겠다.

Let's hurry. You'll miss the bus.
서두르자. 버스 놓치겠다.

Be good. Don't fight with your friends.
말썽 부리지 마. 친구랑 싸우지 말고.

유치원에서 아이가 돌아왔을 때

Hello, Sweetheart. Did you have a good day?
어서 와. 잘 다녀왔니?

What did you do today?
오늘은 뭐 하고 놀았니?

전화 통화할 때

The phone's ringing. Would you get it?
전화가 왔나 보다. 전화 좀 받아줄래?

Daddy, come home early.
아빠, 일찍 들어오세요.

Okay, let's hang up now. Say, "Goodbye."
그래. 이제 그만 끊자. "안녕" 인사하고.

자기소개

Do you have any brothers or sisters?
동생이나 형이 있어?

What do you like to do?
좋아하는 게 뭐니?

장래희망 말해보기

What do you want to be?
넌 뭐가 되고 싶니?

I want to be a magician.
전 마술사가 되고 싶어요.

가족소개

When was this picture taken?
이건 언제 찍은 사진일까?

It was taken while you were sleeping.
네가 잘 때 찍은 사진이야.

TV나 동영상을 볼 때

Which program do you want to see?
어느 걸 보고 싶니?

I'll play the next episode for you.
다음 에피소드를 틀어줄게.

Don't sit too close to the TV. Move back.
TV에 너무 가까이 앉지 마. 뒤로 물러앉아.

잠자리에 들 때

It's time to go to bed.
이제 잠잘 시간이다.

Sleep tight, Sweetheart. Sweet dreams.
잘 자라, 아가야. 좋은 꿈 꾸고.

Kiss Mommy goodnight.
엄마한테 굿나잇 키스 해야지.

인사하기

Go play with your friend.
가서 친구랑 놀아.

Say "Hello," to your friend.
친구와 인사해야지.

Bye. See you tomorrow.
잘 가. 내일 또 봐.

아이와 외출하기

Let's go out.
엄마랑 같이 밖에 나가자.

Put your clothes on and let's go.
옷 입고 나가자.

You have to put your shoes on, too.
신발도 신어야지.

거리에서

Take my hand.
엄마 손 잡아.

Be careful of cars.
차 조심해.

Watch your step.
발 조심하면서 걸어.

산책하기

Let's go for a walk.
산책하러 가자.

Let's put you in the stroller.
유모차에 타자.

How about going back home?
이제 집으로 돌아갈까?

자연의 아름다움을 느끼게 하기

It's a nice spring day.
정말 좋은 봄날이다.

The birds are chirping.
새는 짹짹 지저귀네.

A breeze is blowing.
산들바람이 부네.

백화점에서

Hold my hand tight. Stay close to Mommy.
엄마 손 꼭 잡아. 엄마 곁에 붙어 있어.

I'll buy that another time. I promise.
그건 다음에 사줄게. 약속해.

마트나 시장에서

We'll have to buy some squash.
호박을 사야겠다.

Let's go to the vegetable section.
채소 코너로 가자.

Let's put everything in our shopping bag.
모두 장바구니에 넣자.

버스를 탈 때

Here comes the bus! Step back.
저기 버스가 온다! 뒤로 물러서.

Let's get on carefully.
조심해서 타.

You can't be noisy in the bus.
버스에서 큰 소리로 떠들면 안 돼.

차를 타고 이동할 때

Let's put you in your car seat.
네 카시트에 앉자.

Let's fasten your seat belt.
안전벨트도 매고.

We're there. Let's get out.
다 왔다. 이제 내리자.

외식할 때

You can sit in a booster seat.
너는 어린이용 의자에 앉아.

What do you want to eat?
뭐 먹을래?

Don't talk with your mouth full.
입안에 음식이 있을 땐 말하지 마.

까꿍놀이

Okay, sit down here.
자, 여기 앉아봐.

Oh, where's Mommy? Here I am.
엄마 어디 있지? 여기 있네.

신체놀이

Here's a little finger.
여기 조그만 손가락이 있네.

Are you ticklish? Tickle, tickle, tickle.
너 간지럼 타니? 간질간질.

그림책을 읽어주면서

Let's read a book.
엄마랑 같이 책 읽자.

What's the title of this book?
이 책 제목이 뭐지?

Okay, let's turn the page.
자, 페이지 넘기자.

동물놀이

What did that lion say?
사자가 뭐라고 그랬지?

Guess who I am.
내가 누구게?

음악을 들려주면서

Should we listen to some music?
우리 음악 들을까?

Is the volume too low? Should I turn it up?
소리가 너무 작니? 볼륨을 높여줄까?

Should we dance to the music?
엄마랑 음악에 맞춰 춤출까?

물건 찾기 놀이

Let's go find Romy.
로미 찾으러 가자.

Is she behind the couch?
소파 뒤에 있나?

부탁놀이

Would you please bring me Komdori?
곰돌이 좀 갖다주세요.

Please give me your toy.
장난감 좀 엄마한테 주세요.

숫자놀이

Touch your knee.
무릎을 만져보세요.

Pick up sticks.
막대를 주워요.

그림놀이

Do you want to draw some pictures?
그림 그릴래?

What did you draw? Would you tell me about it?
뭘 그린 거니? 엄마에게 얘기해줄래?

Do you want to paint with your watercolors?
물감으로 그릴래?

블록놀이

Should we build a house with blocks?
블록으로 집을 지어볼까?

Let's pile the blocks up higher.
블록을 더 높이 쌓아보자.

Now knock it over. Clunk, bump, bump….
이제 무너뜨려 봐. 와르르….

찰흙놀이

Let's make something out of this clay.
우리 이 찰흙으로 뭔가 만들어보자.

Knead it like this. How does it feel?
이렇게 주물러봐, 느낌이 어때?

How about pounding on it?
쾅쾅 두드려 볼까?

공작놀이

Should we do some origami? Fold it like this.
종이접기 할까? 이렇게 접어보자.

Let's cut out the shapes on this paper.
이 종이에 있는 모양을 오려보자.

Now we have to paste it on with glue.
이제 풀로 붙여야지.

숨바꼭질 놀이

Let's play hide-and-seek.
우리 숨바꼭질 놀이하자.

I'll be "it" first. You hide.
처음엔 엄마가 술래할 테니까 너는 숨어.

Here I come, ready or not!
이제 찾으러 간다!

모래놀이

Shall we play in the sand?
엄마랑 모래놀이 할까?

Should we hide Mommy's hand in the sand?
모래 속에 엄마 손을 숨겨볼까?

놀이터에서 놀 때

Do you want to slide down the slide?
미끄럼틀 탈래?

Sit on the swing. I'll push you.
여기 앉아봐. 엄마가 그네 밀어줄게.

Should I push you higher?
더 높이 밀어줄까?

시장놀이

How much is it?
이건 얼마예요?

Here's your change.
거스름돈 여기 있어요.

병원놀이

You be the doctor, and I'll be the patient.
네가 의사 선생님을 하고, 엄마는 환자 할게.

You have a cold.
감기에 걸렸구나.

사이먼 가라사대

Raise your right hand!
오른손 들어!

It was wrong.
틀렸어.

리더 따라 하기

I can hop, like this.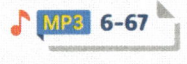
나는 깡총깡총 뛸 수 있어요.

I can swing my hips like this.
나는 엉덩이를 이렇게 흔들 수 있어요.

알파벳 놀이

'a' is for apple.
'a'는 apple의 a야.

What begins with 'a'?
'a'로 시작하는 말은 뭐가 있을까?

공놀이

Let's play with the ball.
공놀이 하자.

Throw the ball. I'll catch it.
공을 던져봐. 엄마가 받을게.

풍선놀이

Shall I blow the balloon up?
풍선 불어줄까?

Be careful. It'll pop.
조심해. 터진다.

인형놀이

Let's play dolls.
인형놀이 하자.

Let's give the doll a bath.
인형을 목욕시켜주자.

Let's give her a piggyback ride.
인형을 업어주자.

장난감을 갖고 놀 때

I'll fix it for you.
엄마가 고쳐줄게.

They went boom.
쿵 부딪혔네.

칭찬할 때

Did you really do this? That's amazing.
이걸 정말 네가 했니? 놀라운데.

You did a good job. You're all grown up.
정말 잘했어. 이제 다 컸구나.

I'm so proud of you. That's my girl.
엄만 네가 자랑스러워. 역시 내 딸이야.

꾸짖을 때

I told you not to do that.
그런 짓 하지 말라고 엄마가 말했지.

You didn't do what I said, so you must be punished.
엄마 말 안 들었으니 혼내야겠다.

Don't do that again. Do you understand?
다시는 그러지 말자, 알았지?

자신감을 북돋아 줄 때

I believe in you. You can do it.
엄만 널 믿어. 넌 할 수 있어.

Don't be disappointed. You did your best.
실망하지 마. 넌 최선을 다했잖아.

Yes, that's how you do it. Good job.
그래, 그렇게 하는 거야. 잘했어.

당부할 때

You shouldn't run inside the house.
집 안에서는 뛰어다니는 거 아냐.

Don't pick on your little brother.
동생을 괴롭히면 안 돼.

Don't bug your big brother.
형 귀찮게 하지 마.

자다 깨서 울 때

Why are you crying? Did you have a scary dream?
왜 울어? 무서운 꿈을 꿨니?

There, there. You're all right, aren't you?
그래, 그래. 괜찮지?

친구나 동생이랑 싸웠을 때

What are you fighting about?
뭐 때문에 싸우는 거니?

You should play nicely with your friends.
친구랑 사이좋게 놀아야지.

Say, "I'm sorry," and shake hands.
"미안해"라고 말하고 악수해.

투정 부리거나 떼를 쓸 때

What's wrong?
왜 그러니?

Whining is a bad habit.
징징대는 건 안 좋은 습관이야.

When Mommy says, "No," it means "No."
엄마가 안 된다면 안 되는 거야.

아이가 아플 때

What's the matter? Are you sick?
왜 그래? 어디 아프니?

You have a high fever.
열이 많구나.

Take this medicine, and get well soon.
이 약 먹고 빨리 나아야지.

위험한 상황일 때

Don't touch that! It's dangerous.
만지지 마! 그건 위험해.

That was close. You almost got hurt.
큰일 날 뻔했네. 다칠 뻔했잖아.

Be careful. You might fall over!
조심해! 넘어지겠다.

집안일을 돕게 할 때

Would you help Mommy, please?
엄마 좀 도와줄래?

Would you please put away your toys?
네 장난감들을 정리해줄래?

Thank you. You're really helping me a lot.
고마워. 네가 도와주니까 엄마가 훨씬 편하구나.

엄마가 실수했을 때

I didn't do that on purpose. Can you understand that?
일부러 그런 건 아니야. 이해해줄 수 있니?

I'm really sorry. I was wrong. Please forgive me.
정말 미안해. 엄마가 잘못했어. 용서해줘.

엄마의 감정표현

I like it best when you smile.
엄마는 네가 웃는 게 제일 좋아.

You don't look pretty when you whine.
넌 짜증 낼 땐 정말 안 예뻐.

My happiest moments are when I am with you.
엄마는 너와 함께 있는 순간이 가장 행복해.

LOVE WORKS BEST
영어, 사랑의 언어로 가르치세요!

Love really is best. **L**et your children or students know they are **L**oved whether they **L**earn English or not. Then they can **L**earn happily without fear.

사랑은 진정한 최선입니다. 아이들이 영어를 배우든 배우지 않든 사랑받고 있다고 느끼게 해주세요. 두려움이 없을 때가 행복한 배움이 일어나는 순간이니까요.

Ordinary words we use **O**ften in daily life at home and at school are best.

집에서 그리고 학교에서 쓰는 평범하고 흔한 단어야말로 최고의 어휘입니다.

Vocalizing e**V**erything as much as possible with your children or students is **V**ery **V**aluable.

여러분의 자녀나 학생들과 가능한 한 모든 것을 언어로 표현해보는 것은 매우 가치 있는 접근법입니다.

Encourage your child in **E**veryday English **E**arly on. Correct by **E**xample not scolding.

일상에서 영어 대화가 일찍 이루어지도록 아이들을 격려해주세요. 꾸짖지 말고 적당한 예를 보여주면서 실수를 바로잡아주세요.

Watch your children with enthusiasm. **W**in their hearts. **W**ish them the best!

열정을 갖고 아이들을 지켜보세요. 아이들의 마음을 얻으세요. 아이들의 행복을 빌어주세요!

Open your heart to your children and students. **O**pen books; **O**pen games; **O**pen websites and enjoy them all together.

여러분의 아이들과 학생들에게 마음을 여세요. 책을 펼치고, 놀이를 시작하고, 웹사이트에 접속해서 그 모든 것을 함께 즐기세요.

Review and **R**ecall each **R**eal thing through meaningful activities, NOT **R**ote **R**epetition.

반복적인 암기가 아니라 의미 있는 활동을 통해서 실제적인 것들을 되새기고, 그것을 떠올리게 하세요.

Know and **K**eep your children's interests in mind. That's the **K**ey to **K**ids learning.

아이들의 관심사를 알고 마음속에 저장해두세요. 그것이 학습의 열쇠가 됩니다.

Start **S**peaking English as early as possible. **S**mile and **S**ay many things to your babies as soon as they are born. But don't worry! Anyone of any age can **S**tart to **S**peak English!

가능한 한 빨리 영어로 대화하는 것을 시작하세요. 아기가 태어나자마자 웃으며 많은 말을 건네보세요. 하지만 그 시기를 놓쳤다 해도 괜찮아요. 나이와 상관없이 누구나 영어 말하기를 시작할 수 있으니까요!

Begin English now! Don't wait! **B**ecoming **B**ilingual needs an early start, but becoming fluent is possible at any age.

기다릴 것 없이 지금 당장 영어를 시작하세요. 이중언어를 구사하려면 이른 나이에 시작하는 것이 좋지만, 유창하게 영어를 구사하는 데에 나이는 상관없습니다.

Expand the language naturally **E**very day in an **E**asy way with **E**veryday **E**nglish by talking about real life.

실생활에 대한 화젯거리를 만들어 매일, 그리고 쉬운 방법으로 영어를 자연스럽게 확장해 나가세요.

Singing is great. **S**ongs we learn **S**tay with us our whole lives.

노래 부르기는 정말 효과가 좋습니다. 한 번 배운 노래는 평생 우리 곁에 머무니까요.

Talk in English. **T**ravel in English. **T**aste things in English. **T**ell stories in English.

영어로 대화하세요. 영어로 여행을 떠나보세요. 영어로 음식을 맛보세요. 영어로 이야기를 들려주세요.

Epilogue

2000년 밀레니엄의 새로운 시작을 여는 그해에 출간된 책이 세월을 뛰어넘어 엄마표 영어의 스테디셀러로 자리 잡게 되기까지 참으로 많은 일이 일어났다. 엄마표 영어라는 새로운 분야를 만들어냈다는 자부심과 그렇지 않아도 바쁜 엄마들의 삶에 무거운 짐을 하나 더 얹어준 것은 아닌가 하는 죄책감 사이에서 두 아이를 돌보는 직장맘으로서 뚜벅뚜벅 걸어온 시간이 아니었나 싶다. 30만 명이 넘는 국내 최대의 학부모 커뮤니티의 수장으로 활동하다가 모든 것을 내려놓고, 무거운 책임감에서 벗어나 자유롭게 이런저런 일에 도전하면서 예전에는 미처 누리지 못한 여유를 즐기게 되기까지 22년이라는 시간이 훌쩍 지나버렸다는 사실이 새삼 놀랍고도 신기할 뿐이다.

그동안 떠듬떠듬 영어를 내뱉던 꼬맹이 우리 아이들은 어엿한 성인이 되어 사회인으로서의 시작을 앞두고 있고, 나는 모든 일이 서툴렀던 초보 주부에서 할머니란 말을 들어도 어색하지 않을 나이가 되었다. 인생의 후반부를 그리고 있는 지금, 개정 작업을 하면서 처음 이 책을 낼 때의 설렘과 초심을 고스란히 느낄 수 있다는 사실이 축복만 같다.

치열하게 두 아이를 키우면서 열정적으로 교육 정보를 캐내서 공유하고, 매스컴에 노출되는 삶을 감내하고, 전국의 수많은 학부모와 아이들을 만나서 울고 웃고 공감하고 고민하던 그때의 경험은 모두 독자분들이 보내주신 열광적인 지지에 대한 결과물이다. 《Hello 베이비 Hi 맘》을 보고 자란, 정확하게는 이 책을 읽고 교육한 엄마 아빠를 둔 아이들이 성인이 되어가는 지금에도 변함없는 사랑과 지지를 보내주셔서 고마울 따름이다.

하지만 감사한 마음과는 별개로 변화하는 시대에 맞춰져 달라진 어휘와 표현을 책에 반영해야 한다는 생각이 머릿속에서 떠나지 않았음을 부정할 수 없다. 그렇기에 변화한 세상과 디지털화된 학습 접근법, 그에 따라 더는 쓰지 않는 디바이스와 단어들을 하나씩 솎아내고 새로운 것을 채워 넣는 작업을 하면서 독자들에게 마음의 빚을 갚는 것 같아 후련하고도 흐뭇했다.

내용을 고치면서 책 제목에 대해서도 많은 얘기가 오고 갔다. 알다시피 'Hello 베이비 Hi 맘'이라는 표현이 엄마와 아이가 서로에게 건네는 말로는 어색한 표현이기 때문이다. 자연스럽지 못하다는 아쉬움이 있지만, 초판 에필로그에서도 언급한 부분이기도 하고, 무엇보다 22년간 50만 독자들의 사랑을 받으며 여전히 회자되는 제목이기에 그대로 유지하기로 했다.

수많은 책이 출판되고 더러 잊히기도 하는 이 시기에, 22년 만에 개정판을 낼 수 있는 저자가 이 세상에 몇이나 있으랴. 그런 의미에서 좋은 기획자와 출판사, 그리고 이 이상의 환상 궁합을 찾을 수 없는 공저자를 만난 나는 남보다 몇 배나 많은 행운을 선물 받은 인생임이 틀림없다. 《Hello 베이비 Hi 맘》의 첫 출간을 누구보다 기뻐하셨던 아버지께서도 하늘에서 축하해주시리라 믿으며, 이 멋진 책이 세상에 나올 수 있도록 동기와 여건을 만들어준 우리 아들과 딸, 남편, 어머니께 감사 인사와 함께 이 글을 바친다.

서현주

Hello 베이비 Hi 맘 1

Copyrights for text ⓒ 김린·서현주, 2000 Copyrights for editing & design ⓒ ㈜도서출판 한울림

글쓴이 | 김린·서현주   일러스트 | 김푸른
편집 | 박미화   디자인 | 김민서

펴낸곳 | ㈜도서출판 한울림   펴낸이 | 곽미순
출판등록 | 1980년 2월 14일(제2021-000318호)
주소 | 서울특별시 마포구 희우정로16길 21
대표전화 | 02-2635-1400   팩스 | 02-2635-1415
블로그 | blog.naver.com/hanulimkids   인스타그램 | www.instagram.com/hanulimkids

1판 1쇄 펴냄   2000년 6월 27일
3판 17쇄 펴냄   2022년 2월 11일
개정판 1쇄 펴냄   2022년 7월 19일
개정판 8쇄 펴냄   2025년 6월 27일

ISBN 978-89-85777-91-9 13590

이 책은 저작권법에 따라 보호받는 저작물이므로, 저작자와 출판사 양측의 허락 없이는
이 책의 일부 혹은 전체를 인용하거나 옮겨 실을 수 없습니다.

*잘못된 책은 바꿔드립니다.

Hello, Sweetheart. I'm your mommy.

귀여운 우리 아기, 내가 엄마란다.

We're so happy to have you with us.

우린 네가 있어서 얼마나 행복한지 몰라.

Are you hungry? Do you want some milk?

배고프니? 우유 먹을래?

Okay, I'll get it ready.

그래, 엄마가 준비할게.

Okay, we're all done. Let me burp you.

그래, 다 됐다. 트림하자.

Is your diaper wet?

너 쉬했니?

Okay, I'll change your diaper.

그래, 엄마가 기저귀 갈아줄게.

Hold still. I'll wipe your bottom.

가만히 있어봐. 엉덩이 닦아줄게.

Listen, Honey. What's this sound?

잘 들어봐, 이게 무슨 소리지?

Do you want to touch this? How does it feel?

이거 한번 만져볼래? 어떤 느낌이야?

Why are you crying?
왜 울어?

Okay, I'll give you a big hug.
자, 엄마가 꼭 껴안아 줄게.

I'll give you a piggyback ride.
엄마가 어부바해줄게.

You look sleepy.
잠이 오나 보구나.

I'll put you to bed. Sleep tight.
엄마가 재워줄게. 이제 코 자자.

I'll sing you a lullaby.
엄마가 자장가 불러줄게.

Let's try standing up and walking.

일어서서 걸음마 해보자.

Be careful. You might fall over.

조심해야지. 넘어질라.

Don't hurry. Take your time.

서두르지 마. 천천히 해야지.

Let's eat just one more bite.

한 입만 더 먹어보자.

This is dirty. Don't eat it. Spit it out.

이건 지지야. 먹지 마. 퉤, 뱉어내.

You're drooling. I'll wipe your mouth.

침 흘리는구나. 엄마가 닦아줄게.

You ate it all up. You're a good eater.

다 먹었구나. 아주 잘 먹었어.

What do you want to drink? Juice or water?

뭐 마실래? 주스 아니면 물?

Do you want to try eating with the spoon?

숟가락으로 네가 먹어볼래?

Do you want to go potty?
쉬하고 싶어?

Don't hold it. Just go potty.
참지 말고 쉬하자.

Did you sleep well?
잘 잤니?

Rise and shine.
어서 일어나세요.

Let's make the bed.
잠자리 정리하자.

Brush your teeth.

이 닦자.

Squeeze the toothpaste. Put it on the toothbrush.

자, 치약을 짜서 칫솔에 묻히자.

Now, spit it out and rinse your mouth.

이제 뱉어내고 입안을 헹구자.

Let's go wash your face.

가서 세수하자.

Let's comb your hair.

머리 빗자.

It's bath time.
목욕하자.

Let's wash your hair first.
머리 먼저 감자.

Now, I'll rinse you off.
이제 말끔히 헹구자.

Do you want to go to the bathroom?
화장실 가고 싶니?

Pull down your pants and sit on the toilet.
바지 내리고, 이제 변기에 앉아야지.

Very good. Now flush the toilet.
잘했어. 이제 물 내려.

I'm washing the dishes.
엄마는 설거지하고 있어.

I'm making breakfast now.
엄마는 지금 아침 식사를 준비하고 있어.

I'll make you a pizza.
엄마가 피자 만들어줄게.

Let's fry it with some oil.
기름으로 볶자.

Should we add some more salt?
소금을 좀 더 넣을까?

It's time for breakfast.

아침밥 먹을 시간이다.

Don't be a picky eater.

가려 먹는 거 아냐.

Eat with your spoon.

숟가락으로 떠먹어야지.

Let's have a snack.

간식 먹자.

You should share with your little brother.

동생과 사이좋게 나눠 먹어야지.

The house is too messy.
집이 너무 지저분하구나.

Let's clean it.
청소 좀 하자.

Would you put away your toys?
네 장난감 좀 치워줄래?

Okay, let's change your clothes.
자, 옷 갈아입자.

Let's button the buttons and zip up the zipper.
단추도 채우고 지퍼도 올리자.

How about wearing a sweater?
오늘은 스웨터를 입을까?

Do you want to get dressed by yourself?

너 혼자 입어볼래?

It looks good on you.

아주 잘 어울리는구나.

Which hat do you want to wear?

어떤 모자를 쓸 거니?

Try to put on your socks, too.

양말도 네가 신어 봐.

You've got your shoes on the wrong feet.

신발을 짝짝이로 신었구나.

Your socks don't match.

양말을 짝짝이로 신었구나.

Let's do the laundry.
빨래하자.

Let's start the washing machine.
세탁기를 돌리자.

Okay, let's hang it up.
자, 빨래를 널자.

Eat and get ready. You'll be late for kindergarten.
빨리 밥 먹고 준비해. 유치원에 늦겠다.

Let's hurry. You'll miss the bus.
서두르자. 버스 놓치겠다.

Be good. Don't fight with your friends.
말썽 부리지 마. 친구랑 싸우지 말고.

Hello, Sweetheart. Did you have a good day?
어서 와. 잘 다녀왔니?

What did you do today?
오늘은 뭐 하고 놀았니?

The phone's ringing. Would you get it?
전화가 왔나 보다. 전화 좀 받아줄래?

Okay, let's hang up now. Say, "Goodbye."
그래. 이제 그만 끊자. "안녕" 하고.

Do you have any brothers or sisters?

동생이나 형이 있어?

What do you like to do?

넌 좋아하는 게 뭐니?

What do you want to be?

뭐가 되고 싶니?

I want to be a magician.

저는 마술사가 되고 싶어요.

When was this picture taken?

이건 언제 찍은 사진일까?

It was taken while you were sleeping.

네가 잘 때 찍은 사진이야.

Which program do you want to see?

어떤 프로그램을 보고 싶니?

Don't sit too close to the TV. Move back.

TV에 너무 가까이 앉지 마. 뒤로 물러앉아.

I'll play the next episode for you.

다음 에피소드를 틀어줄게.

It's time to go to bed.
이제 잠잘 시간이다.

Sleep tight, Sweetheart. Sweet dreams.
잘 자라, 아가야. 좋은 꿈 꾸고.

Kiss Mommy goodnight.
엄마한테 굿나잇 키스 해야지.

Go play with your friend.
가서 친구랑 놀아.

Say "Hello," to your friend.
친구랑 "안녕" 하고 인사해야지.

Bye. See you tomorrow.
잘 가. 내일 또 봐.

Let's go out.

엄마랑 같이 밖에 나가자.

Put your clothes on and let's go.

옷 입고 나가자.

You have to put your shoes on, too.

신발도 신어야지.

Take my hand.

엄마 손 잡아.

Be careful of cars.

차 조심해.

Watch your step.

발 조심하면서 걸어.

Let's go for a walk.
산책하러 가자.

Let's put you in the stroller.
유모차에 타자.

How about going back home?
이제 집으로 돌아갈까?

Hold my hand tight. Stay close to Mommy.
엄마 손을 꼭 잡아. 엄마 곁에 붙어 있어.

I'll buy that another time. I promise.
그건 다음에 사줄게. 약속해.

We'll have to buy some squash.

호박을 사야겠다.

Let's put everything in our shopping bag.

모두 장바구니에 넣자.

Let's go to the vegetable section.

채소 코너로 가자.

Here comes the bus! Step back.

저기 버스가 온다! 뒤로 물러서.

Let's get on carefully.

조심해서 타.

You can't be noisy in the bus.

버스에서 큰 소리로 떠들면 안 돼.

Let's put you in your car seat.

네 카시트에 앉자.

Let's fasten your seat belt.

안전벨트도 매고.

We're there. Let's get out.

다 왔다. 이제 내리자.

You can sit in a booster seat.

너는 어린이용 의자에 앉아.

What do you want to eat?

뭐 먹을래?

Don't talk with your mouth full.

입안에 음식 있을 땐 말하지 마.

Let's read a book.

엄마랑 같이 책 읽자.

What's the title of this book?

이 책 제목은 뭐지?

Okay, let's turn the page.

자, 페이지를 넘기자.

What did that lion say?

사자가 뭐라고 그랬지?

Guess who I am.

내가 누구게?

Should we listen to some music?

우리 음악 들을까?

Is the volume too low? Should I turn it up?

소리가 너무 작니? 볼륨을 높여줄까?

Should we dance to the music?

엄마랑 음악에 맞춰 춤출까?

Do you want to draw some pictures?

그림 그릴래?

What did you draw? Would you tell me about it?

뭘 그린 거니? 엄마한테 얘기해줄래?

Do you want to paint with your watercolors?

물감으로 그릴래?

Should we build a house with blocks?

블록으로 집을 지어볼까?

Let's pile the blocks up higher.

블록을 더 높이 쌓아보자.

Now knock it over. Clunk, bump, bump⋯.

이제 무너뜨려 봐. 와르르⋯.

Let's make something out of this clay.

우리 이 찰흙으로 뭔가 만들어보자.

Knead it like this. How does it feel?

이렇게 주물러봐. 느낌이 어때?

How about pounding on it?

쾅쾅 두드려 볼까?

Should we do some origami? Fold it like this.

종이접기 할까? 이렇게 접어보자.

Let's cut out the shapes on this paper.

이 종이에 있는 모양을 오려보자.

Now we have to paste it on with glue.

이제 풀로 붙여야지.

Let's play hide-and-seek.

우리 숨바꼭질 놀이하자.

I'll be "it" first. You hide.

엄마가 먼저 술래할 테니까 넌 숨어.

Here I come, ready or not!

이제 찾으러 간다!

Do you want to slide down the slide?

미끄럼틀 탈래?

Sit on the swing. I'll push you.

여기 앉아봐. 엄마가 그네 밀어줄게.

Should I push you higher?

더 높이 밀어줄까?

Let's play with the ball.

공놀이 하자.

Throw the ball. I'll catch it.

공을 던져봐. 엄마가 받을게.

Shall I blow the balloon up?

풍선 불어줄까?

Be careful. It'll pop.

조심해. 터진다.

Let's play dolls.

인형놀이 하자.

Let's give the doll a bath.

인형을 목욕시키자.

Let's give her a piggyback ride.

인형을 업어주자.

Did you really do this? That's amazing.
이걸 정말 네가 했니? 놀라운데.

You did a good job. You're all grown up.
정말 잘했어. 이제 다 컸구나.

I'm so proud of you. That's my girl.
엄만 네가 자랑스러워. 역시 내 딸이야.

Don't do that again. Do you understand?
다시는 그러지 말자, 알았지?

You didn't do what I said, so shouldn't you be punished?
엄마 말을 안 들었으니 혼나야겠지?

I told you not to do that.
그런 짓 하지 말라고 엄마가 말했지.

I believe in you. You can do it.

엄만 널 믿어. 넌 할 수 있어.

Don't be disappointed. You did your best.

실망하지 마. 넌 최선을 다했잖아.

Yes, that's how you do it. Good job.

그래, 그렇게 하는 거야. 잘했어.

What are you fighting about?

뭐 때문에 싸우는 거니?

You should play nicely with your friends.

친구랑 사이좋게 놀아야지.

Say, "I'm sorry," and shake hands.

"미안해" 하고 악수해.

What's the matter?

왜 그러니?

Whining is a bad habit.

징징대는 건 안 좋은 습관이야.

When Mommy says, "No," it means "No."

엄마가 안 된다면 안 되는 거야.

What's the matter? Are you sick?

왜 그래? 어디 아프니?

You have a high fever.

열이 많구나.

Take this medicine and get well soon.

이 약 먹고 빨리 나아야지.

Don't touch that! It's dangerous.

만지지 마. 위험해.

That was close. You almost got hurt.

큰일 날 뻔했네. 다칠 뻔했잖아.

Be careful. You might fall over!

조심해! 넘어지겠다.

You shouldn't run inside the house.

집 안에서 뛰어다니는 거 아니야.

Don't pick on your little brother.

동생을 괴롭히면 안 돼.

Don't bug your big brother.

형을 귀찮게 하지 마.

Would you help Mommy, please?
엄마 좀 도와줄래?

Would you please put away your toys?
네 장난감 좀 정리해줄래?

Thank you. You're really helping me a lot.
고마워. 네가 도와주니까 엄마가 훨씬 편하구나.

My happiest moments are when I am with you.
엄마는 너와 함께 있는 순간이 가장 행복해.

You don't look pretty when you whine.
넌 짜증 낼 땐 정말 안 예뻐.

I like it best when you smile.
엄만 네가 웃는 게 제일 좋아.